职业教育"产教融合项目"创新成果教材

电子商务专业"互联网+"新形态教材

网络客服沟通技巧

组　编　厦门一课信息技术服务有限公司

主　编　张贯虹　张赠富

副主编　饶巨秀　刘红芹　卢永煌

参　编　叶发友　史彦欣　张　靖　罗文才

　　　　兰业腾　陈　云　林智滨

机 械 工 业 出 版 社

本书由企业一线客服主管与拥有多年实战教学经验的老师合作编写，是为职业院校开发的一门客服必备岗位核心课程。

　　本书共分为四个项目：初识网络客服、掌握网络客服各岗位工作技能、熟知客户关系管理和熟悉客服管理。让学生从初识客服开始，然后通过学习售前、售中、售后工作技能，到熟知客户关系管理、熟悉客服管理，由简而难，直至成长为一名合格的客服。本书配备了大量的教学辅助材料，运用混合教学模式可以给教师带来智能备课、一键上课等超简便式教学体验。

　　本书与资源库结合能够进行信息化教学，结合大量微课视频，是校企共建校本教材又一典例。

图书在版编目（CIP）数据

网络客服沟通技巧/厦门一课信息技术服务有限公司组编；张贯虹，张赠富主编.
—北京：机械工业出版社，2022.1（2025.1重印）

职业教育"产教融合项目"创新成果教材　电子商务专业"互联网+"新形态教材

ISBN 978-7-111-69722-0

Ⅰ．①网…　Ⅱ．①厦…　②张…　③张…　Ⅲ．①电子商务—商业服务—中等专业学校—教材　Ⅳ．①F713.36

中国版本图书馆CIP数据核字（2021）第245088号

机械工业出版社（北京市百万庄大街22号　邮政编码100037）

策划编辑：邢小兵　　　　　　责任编辑：宋　华　邢小兵
责任校对：炊小云　王明欣　　封面设计：鞠　杨
责任印制：郜　敏

北京富资园科技发展有限公司印刷

2025年1月第1版第3次印刷

184mm×260mm・9印张・148千字

标准书号：ISBN 978-7-111-69722-0

定价：31.80元

电话服务　　　　　　　　　网络服务

客服电话：010-88361066　　机　工　官　网：www.cmpbook.com
　　　　　010-88379833　　机　工　官　博：weibo.com/cmp1952
　　　　　010-68326294　　金　书　网：www.golden-book.com
封底无防伪标均为盗版　　机工教育服务网：www.cmpedu.com

前言

党的二十大报告指出，"加快发展数字经济，促进数字经济和实体经济深度融合，打造具有国际竞争力的数字产业集群。""构建优质高效的服务业新体系，推动现代服务业同先进制造业、现代农业深度融合。"电子商务作为数字经济产业中的重要领域，为数字经济的快速发展提供了强大的支撑。而二十大报告中的相关重要论断为新时代电商行业发展擘画了深远蓝图，坚定了我们深耕电商行业的信心。

本书的编写主要有以下特点：

1. 内容全面，案例丰富，实战性强

本书针对网络客服岗位，全面详细地介绍了从事网络客服岗位所需掌握的知识与技能。书中以项目为载体，采用"任务分析—情境引入—相关知识—技能演练—考核评价"的结构，让读者能够学练结合。书中案例丰富、实用，读者可以借鉴书中的案例进行演练，也可以在此基础上进行拓展提升，从而快速理解和掌握岗位技能。

2. 教学资源丰富，附加值高

书中延伸阅读的文章、案例、视频、动画等资源都是与网络客服相关的知识和技能，有兴趣的读者可以扫描其中的二维码阅读。本书还提供了PPT课件、素材、教案等丰富的教学资源，附加值极高，可以帮助读者更好地掌握所需的知识与技能。

本书设计了4个项目、8个任务，具体内容和课时安排见表0-1。

表0-1　本书的内容结构及课时安排

序号	教学任务	教学内容	教学目标	课时
项目1　初识网络客服				
1	引导学生了解网络客服基础知识	1. 网络客服的概念和作用 2. 网络客服必备的专业知识和能力	1. 了解网络客服 2. 了解网络客服必备的专业知识和能力	6

（续）

序号	教学任务	教学内容	教学目标	课时
2	引导学生掌握网络客服常用工具的使用	1. 千牛工作台的设置和使用 2. 卖家中心的设置和使用	1. 熟悉手机版和电脑版千牛工作台的下载安装和界面情况，并学会功能的设置 2. 熟悉卖家中心的功能模块设置	6
项目 2　掌握网络客服各岗位工作技能				
1	引导学生掌握网络客服售前工作技能	1. 网络客服售前职责 2. 接待咨询的 3 个技巧 3. 产品推介的技巧 4. 处理异议的技巧 5. 促成交易的技巧	1. 了解售前客服的主要职责 2. 掌握售前客户接待技巧 3. 掌握产品推介的方法和流程 4. 掌握几种异议的处理技巧 5. 掌握促单技巧	6
2	引导学生掌握网络客服售中工作技能	1. 网络客服售中职责 2. 核对订单信息的技巧 3. 打单发货的技巧 4. 订单跟踪的技巧	1. 了解售中客服的主要职责 2. 掌握订单处理的方法和技巧	6
3	引导学生掌握网络客服售后工作技能	1. 网络客服售后职责 2. 退换货的处理技巧 3. 中差评处理技巧 4. 纠纷处理技巧	1. 了解售后客服的主要职责 2. 掌握几种常见售后问题的处理技巧	6
项目 3　熟知客户关系管理				
1	引导学生掌握客户关系管理技巧	1. 客户关系管理的概念和重要性 2. 为客户打标的技巧 3. 客户关系管理工具的使用	1. 了解客户关系管理的重要性 2. 学会如何进行客户分析并为客户打标 3. 学会使用客户群组工具及客户关怀工具	6
项目 4　熟悉客服管理				
1	引导学生掌握客服团队管理技巧	1. 客服培训的 3 个技巧 2. 绩效指标设计技巧	1. 掌握如何进行客服心态、工作技能以及价值观等方面的培训 2. 掌握绩效指标设计技巧	6
2	引导学生掌握大促客服管理技巧	1. 大促前的准备工作 2. 大促客服职责	1. 了解双十一大促及大促前如何做好客服团队的安排和管理 2. 熟悉大促期间客服工作职责与管理，掌握大促期间物流的处理技巧	6
建议总课时				48

本书是由厦门一课信息技术服务有限公司组织编写的"职业教育'产教融合项目'创新成果教材""电子商务专业'互联网+'新形态教材",邀请到全国职业院校众多一线电子商务教师承担具体编写任务。本书由张贯虹、张赠富担任主编,饶巨秀、刘红芹、卢永煌担任副主编,参与编写的还有叶发友、史彦欣、张靖、罗文才、兰业腾、陈云、林智滨。

本书在编写的过程中,参阅了诸多同行的著作文献,在此一并表示衷心的感谢。由于作者水平有限,书中难免有不足之处,恳请各位专家、广大读者批评指正并提出宝贵意见,以便使本书得以不断完善。

编　者

二维码索引

序号	名称	图形	页码	序号	名称	图形	页码
微课 1	网店交易的 6 个流程		19	微课 5	使用千牛进行订单评价		88
微课 2	使用千牛上传商品		40	微课 6	使用千牛为客户打标		108
微课 3	客服话术整理		63	微课 7	制订客服工作标准		121
微课 4	核对订单信息的技巧		76	微课 8	制订双十一大促客服工作计划		134

目录

项目 1

初识网络客服

随着电子商务行业发展的日新月异，客服岗位的重要性也日益凸显。作为店铺与顾客之间沟通的纽带和桥梁，客服岗位对店铺的良性发展起着至关重要的作用。一个优秀的网络客服，不仅能促进成交，还能树立店铺在顾客心中的良好形象。

项目内容

本项目主要从网络客服基础知识和客服工作必备工具的使用两个方面来讲解客服岗位的基本能力要求，使学生了解网络客服的概念、必备的专业知识和工具使用，帮助学生快速有效地提升工作技能，最终提升店铺销售额。

项目目标

- 了解网络客服的工作职责、必备的专业知识和能力。
- 学会客服必备工具的使用。
- 熟练使用千牛工作台、卖家中心等工具。

任务1 熟知网络客服基础知识

网络客服是在网店给客户提供解答和售后服务的人员。千牛工作台是阿里巴巴提供给淘宝掌柜的在线客户服务系统，旨在让淘宝掌柜更高效地管理网店，及时把握商机消息，从容应对繁忙的业务。随着电商行业的快速发展，依托于网店经营的新职业正在迅速崛起，网络客服人才缺口巨大，是就业的好机会。

随着网络时代的发展，得益于低门槛、低成本等特点，网店得以迅速崛起。运营好一个网店有几个关键要素，客服就是其中一个。本任务将带领大家学习如何做一名出色的网络客服。

分任务1 认识网络客服

一、了解网络客服的基本概念

网络客服是指在开设网店这种新型商业活动中，充分利用各种通信工具为客户提供相关服务的人员。

这种服务形式对网络有较高的依赖性，所提供的服务一般包括客户答疑、促成订单、店铺推广、完成销售、售后服务等方面。

网络客服根据网店订单销售时间节点分为售前客服、售中客服与售后客服。售前客服负责客户下单付款前的咨询服务，售中客服负责订单处理及产品发货，而售后客服负责产品发货后产生的一系列售后问题的处理和沟通。

二、熟知网络客服的 4 个重要作用

网络客服对于店铺推广、产品销售以及售后的客户维护等方面有非常重要的作用，如图 1-1 所示。

图 1-1　网络客服的重要作用

1. 塑造店铺形象

在网店购物的时候，对于顾客而言，能够直接接触到的只有一张张商品图片，没有办法接触到商品实物，会对商品和店铺保持一定的防备心。

因此，对于店铺运营来说，网络客服的工作就显得尤为重要。顾客在产生疑问或是对店铺中的商品产生了兴趣，往往需要通过与客服沟通来了解商品的实际情况，那么就可以单击店铺中的旺旺头像，联系客服进行咨询。如图 1-2 所示。

图 1-2　淘宝网"联系客服"的功能

⊖　DSR，即 Detailed Seller Ratings，店铺动态评分。

客服代表的是整个店铺，如果客服的态度非常好，那么顾客就会觉得这是一家热情、温暖的网店；反之，如果客服态度不好，顾客就会觉得这是一家没有人情味的网店，不会再光顾。所以，客服工作做得是否到位会直接影响店铺的整体形象和口碑。可以说，网络客服发送的每一个笑脸表情或每一句亲切的问候，都能让顾客感受到温暖，在顾客心目中树立一个良好的形象。

> 春节快到了，客户去某淘宝店铺购买食品准备过年带回老家，客户问道："有适合年纪稍大的人吃的食品吗？我妈牙齿不太好，太酸太甜都吃不了"。以下是几位客服人员的回答：
>
> **客服一**
> - 有的有的，某某产品在老年人群中非常受欢迎，别人家过节都涨价了，只有我家是原价。
>
> **客服二**
> - 有的有的，某某产品在老年人群中非常受欢迎，酸甜适度，入口即化，非常适合牙齿不好的老人吃。
>
> **客服三**
> - 有的有的，某某产品在老年人群中非常受欢迎，难得过年回家，孝敬孝敬爸妈是应该的，我给您打个八折算是一点心意。另外，我这还有一种适合老人吃的饼干，送两包给您家老人尝尝，如果叔叔阿姨喜欢，下次再买。辛苦了一年，回家路上多保重！

对于目前的淘宝店铺来说，只靠图片来展示产品是非常难获得客户信任的，毕竟图片也可以进行后期处理和修改。面对被美化过的图片，客户既看不到产品本身，也不能通过商家本人来了解产品的各种实际情况，因此往往会产生怀疑和距离感。在这种情况下，客服提供的人性化服务就让店铺增加了一丝丝人气。客户通过与客服在网上进行交流，可以逐步了解产品的详细信息和店铺的服务。

2. 提高订单成交率

每个客户的光顾，都可能是在花费了诸多运营成本之后才获得的。不论是硬广告还是淘宝直通车，甚至是一些站内的免费推广活动，都对吸引客户进店进而促成销售起到至关重要的作用。

通常来看，我们可以把网络客服分为三个等级：三级客服只能卖客户非买不可的商品；二级客服可以关注到客户的显性需求，并做出精准推荐，促成更多成交；一级客服则可以发现客户的隐性需求，发掘更多关联销售的潜在机会（见图1-3）。

图 1-3　网络客服的三个等级

双十一前夕，客户想在某淘宝店铺购买化妆品，但又担心现在买不划算，在犹豫要不要下单的时候，客户问道："现在下单会比双十一更贵吗？想要现在买又担心花冤枉钱。"

客服一	客服二
● 双十一的确更便宜呢，亲考虑一下双十一再购买吧。	● 亲，现在确实比双十一更贵一些，但是亲不用担心，现在拍下我改价按双十一的价格给您。

一个优秀的淘宝客服不仅可以让犹豫不决的客户下单，还可以让客户对更多的产品心动，从而提升店铺成交量。淘宝客服需要掌握这种能力，灵活运用。

3. 提高顾客回头率

正常来说，顾客在完成一次交易后，就能对店铺的商品、物流等有一定的了解，对客服的服务态度有了切身的体会。顾客有过一次很好的购物体验后，自然就会对客服和店铺产生好感。当顾客再次产生购物需求时，就会第一时间想到这家店铺，店铺回头率就提高了。

4. 改善店铺 DSR 服务数据

DSR（Detailed Seller Ratings）即店铺动态评分，是指在淘宝网交易成功后，买家可以对本次交易的卖家进行如下三项评分：宝贝与描述相符、卖家的服务态度、物流服务的质量。每项店铺评分取连续 6 个月内所有买家给予评分的算术平均值（每天计算近 6 个月之内的数据），如图 1-4 所示。

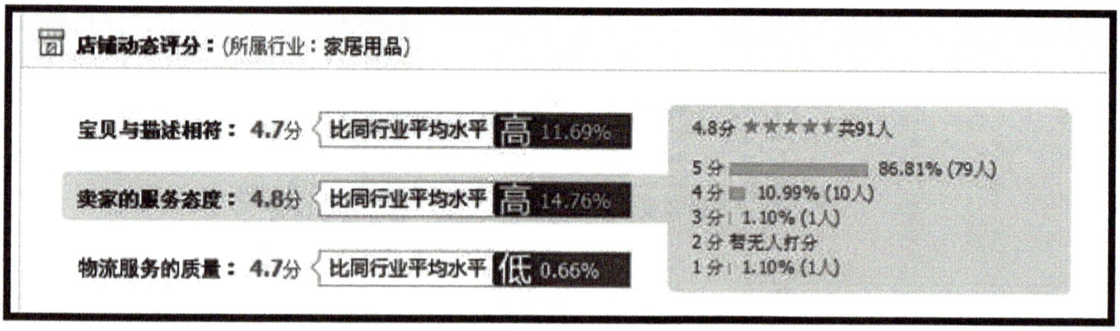

图 1-4　店铺动态评分

客服作为一个直接影响客户购物体验的重要岗位，对于店铺的整体运营具有重要意义。好的客服可以提高顾客的购物体验，通过耐心地询问、认真地倾听，主动为顾客提供帮助，让顾客享受良好的购物体验。

分任务 2　了解网络客服必备的专业知识和能力

网络客服必须具备一定的店铺运营、客户管理的专业知识以及较强的沟通和随机应变的能力，才能在日常工作中发挥出网络客服应有的作用。

一、学习电商平台的 3 个小知识

1. 平台知识

网店是开设在平台上的，客户也大多数来源于平台。客服需要对平台有一定的认知，比如店铺所在的平台有什么特点、平台上哪种类型的顾客所占比重比较大、平台上都有哪些主要的页面及功能、店铺的商品会在哪些位置得以展示、店铺经常参加哪些平台活动、活动时商品会如何展示等。客服对平台越了解、对店铺产品展示的位置越清楚，就能更迅速地帮助顾客解决购买商品时会遇到的问题。淘宝网和聚划算首页如图 1-5 和图 1-6 所示。

2. 平台规则

店铺在运营的过程中除了需要遵守国家法律法规外，还要遵守平台规则。平台规则起到规范平台用户行为、维护买卖双方利益的作用。

在客服人员的日常工作中，经常用到的平台相关规则网站如下。

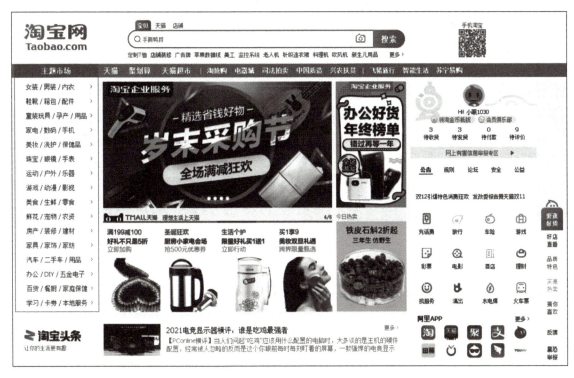

图 1-5　淘宝网首页

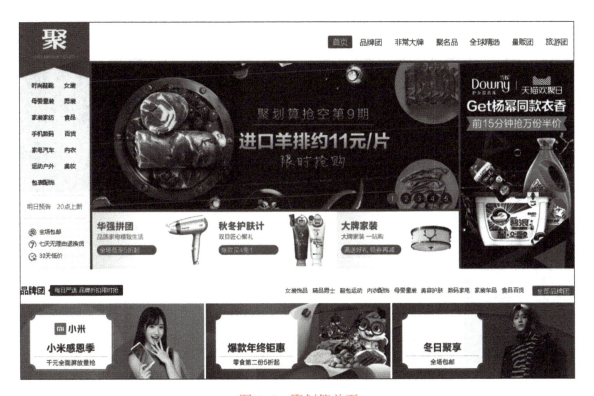

图 1-6　聚划算首页

（1）淘宝网规则中心：https://rule.taobao.com/（见图1-7）。

图1-7　淘宝网规则中心首页

（2）天猫规则中心：https://guize.tmall.com/（见图1-8）。

图1-8　天猫规则中心首页

（3）支付宝服务大厅：https://help.alipay.com/hall/index.htm（见图 1-9）。

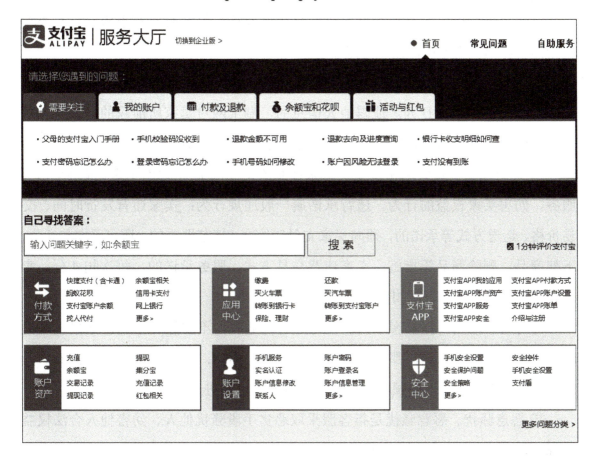

图 1-9　支付宝服务大厅首页

下面以淘宝网规则为例，客服人员需要学习以下规则，并严格遵守。

① 商品如实描述。商品如实描述以及对其所售商品质量承担保证责任是卖家的基本义务。商品如实描述是指卖家在商品描述页面、店铺页面、阿里旺旺等所有淘宝网提供的渠道中，应当对商品的基本属性、成色、瑕疵等必须说明的信息进行真实、完整地描述。卖家应保证其出售的商品在合理期限可以正常使用，包括商品不存在危及人身、财产安全的不合理危险，具备商品所应当具有的使用性能，符合商品或其包装上注明采用的标准等。

② 评价规则。为了确保评价体系的公正性、客观性和真实性，淘宝网将基于有限的技术手段，遵循"淘宝网评价规则"的规定，对违规交易评价、恶意评价、不当评价、异常评价等破坏淘宝网信用评价体系、侵犯消费者知情权的行为予以坚决打击，包括但不限于屏蔽评论内容、删除评价、评价不计分、限制评价等市

场管理措施。

针对这条规则，卖家在给顾客进行评价以及评价解释时要实事求是，且不得使用污言秽语，也不能泄露顾客隐私。

③ 泄露他人信息。泄露他人信息是指未经允许发布、传递他人隐私信息，涉嫌侵犯他人隐私权的行为。泄露他人信息的，淘宝网对卖家所泄露的他人隐私信息进行删除，每次扣除 6 分，情节严重的，每次扣除 48 分。

④ 违背承诺。违背承诺是指卖家未按照约定或淘宝网规定向买家提供承诺的服务，妨害买家权益的行为。违背承诺属一般违规行为：卖家违背发货时间、交易价格、运送方式等承诺的，须向买家支付违约金，情节严重的，还可采取扣 6 分、下架商品、删除商品等措施；卖家违背交易方式、服务承诺的，每次扣 4 分；卖家违背特殊承诺的，每次扣 6 分。

针对这条规则，提醒客服人员在与顾客沟通时，不要轻许承诺，如果主动向顾客提出某种服务承诺，那么就必须严格履行。例如：客服人员与顾客协商当天发货，如果未能履行，则顾客可以以违背承诺为理由进行投诉。

⑤ 恶意骚扰。恶意骚扰是指客服采取恶劣手段骚扰他人、妨害他人合法权益的行为，每次扣 12 分。情节严重的，视为严重违规行为，每次扣 48 分。恶意骚扰包括但不限于通过电话、短信、阿里旺旺、邮件等方式频繁联系他人，影响他人正常生活的行为。

针对这条规则，客服人员在处理与顾客之间的纠纷或者异议时，一定要注意不要频繁地联系顾客，以免影响顾客的正常生活与工作，应该在顾客方便的时间采取合适的方式取得联系。在无法说服顾客时，也不得以骚扰的方式迫使顾客妥协，要做到有礼有节。

3．淘宝网付款规则

网络客服只有掌握了网店的付款规则，才能更好地提供服务。以淘宝网为例，目前淘宝网支持支付宝支付、网银支付、快捷支付以及货到付款等多种付款方式，顾客可以根据实际情况，选择最适合自己的付款方式。无论使用哪种支付方式，淘宝都支持担保交易，如图 1-10 所示。

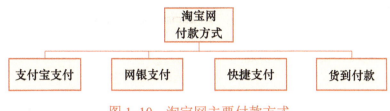

图 1-10　淘宝网主要付款方式

（1）支付宝支付。当支付宝账户中有余额时，直接输入支付密码即可完成付款。

（2）网银支付。网银支付的操作方式是顾客可以在支付宝收银台，选择"网上银行"付款方式，跳转到银行页面输入银行相关信息完成付款。

（3）快捷支付。快捷支付是支付宝联合各大银行推出的一种全新的支付方式，只要有银行卡就可以在支付宝付款。无须登录网上银行，可直接输入卡面信息及持卡人身份信息，根据安全规则可通过验证银行预留的手机号接收校验码完成签约或支付，是一种便捷、快速、安全的付款方式。快捷支付类型包括储蓄卡快捷支付和信用卡快捷支付。

（4）货到付款。在淘宝网上，不是每个店铺都开通了货到付款这个功能，只有客服开通这个功能后，顾客才有这个支付选项。如果客服开通了此项功能，顾客在下单的时候，运送方式选择"货到付款"即可。

二、熟知网店交易的 6 个流程

作为网店的客服，熟知网店的购物流程是必需的。在顾客遇到交易上的问题时，客服需要及时进行指导，使其顺利完成购物的操作流程，将购买欲望转化为有效订单。

以淘宝网为例，一个正常的交易流程通常包含加入购物车、进入购物车结算、支付货款、物流发货、确认收货和交易评价 6 个步骤。

1. 加入购物车

顾客在淘宝网进行购物时，首先会对自己想购买的商品进行搜索和浏览，然后会将自己喜欢的商品加入购物车。加入购物车的操作能给顾客带来诸多好处，如方便进行商品对比、便于同时购买多件商品、统一结算可享受满减优惠、避免产生多次邮费等，因此，或成为大部分顾客的首选。当然，也有一部分顾客在看到自己想要的商品时会直接选择"立即购买"，如图 1-11 所示。

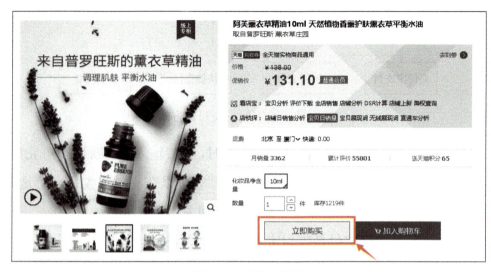

图 1-11　购买商品

2．进入购物车结算

打开购物车，选择要购买的商品进行结算。在进入订单提交页面以后，首先要确认收货地址是否正确，然后核对商品颜色、尺码、单价、数量等内容是否有误，同时可以将发货时间、是否开发票等需要特别提醒的内容填写在留言框里，然后单击【提交订单】按钮提交购物订单，如图 1-12 所示。

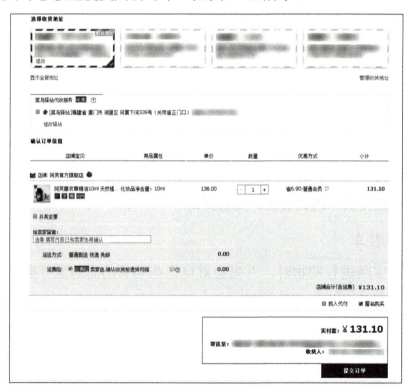

图 1-12　提交订单

3．支付货款

在支付页面选择相应的支付方式，以储蓄卡快捷支付为例，输入储蓄卡卡号和密码，然后单击【确认付款】即可完成购物，如图 1-13 所示。

图 1-13　支付货款

4．物流发货

货款支付完成后，卖家通常会在 48 小时内发货。发货后可以在淘宝网上查看物流信息。在淘宝网主页单击【我的淘宝】→【已买到的宝贝】→【待收货】，找到需要查看物流的订单，将鼠标放置在【查看物流】按钮上，即可弹出该订单的物流信息，如图 1-14 所示。

图 1-14　订单物流信息

5. 确认收货

待收到包裹后，可以先当场开箱检查，确认货物没有损坏或异常后再签收。签收后即可登录淘宝网，找到此商品，单击【确认收货】按钮，如图1-15所示。

图1-15　确认收货

6. 交易评价

当买家确认收货后，淘宝网会将货款转给卖家，此时，买卖双方已经钱货两讫，页面会跳转到评价页面，如果此时关闭页面不予评价，系统到时间会默认好评。买家也可以选择填写内容，给卖家的商品和服务一个中肯的评价，如图1-16所示。

图1-16　交易评价

三、学习 2 个物流小知识

在整个交易过程中，客服除了要具备专业的商品知识外，还要了解相关物流知识。顾客在购买商品的过程中，最在意的就是商品质量，其次是物流速度，由于物流问题而引起顾客投诉的事例屡见不鲜。所以，为了避免顾客因物流投诉，客服就必须要掌握物流的相关知识。

1. 第三方物流

目前，我国的电子商务物流主要为第一方物流和第三方物流。第一方物流是指供应方（卖方）组织的物流活动，以实现物资的空间转移。即卖方在达成交易后承担发货交付的责任，通过物流将货物送交到买方，才算最终完成这笔交易。比如，京东针对自营商品提供的京东物流服务就是典型的第一方物流。

第三方物流（Third-Party Logistics，简称 TPL 或 3PL）是指由供方和需方以外的第三方物流企业或配送公司提供物流配送服务的经营模式。目前我国大部分电商平台均采用第三方物流，如淘宝、拼多多、聚美优品等。

电商行业常见的第三方物流企业主要有顺丰速运、"三通一达"（圆通快递、中通快递、申通快递、韵达速递）、百世快递、天天快递、苏宁快递、德邦快递、中国邮政速递（EMS）等。

2. 网店常用快递公司之间的差别

网络客服除了要了解相关的物流知识，还需要了解各个快递公司在服务上细微的差别，具体如下。

（1）了解不同快递的价格，即不同快递的计价标准以及报价。

（2）了解不同快递的运输速度，即将货物送到顾客处所需的时间。

（3）了解不同快递公司快递员的联系方式。客服应该将各个快递公司负责该地区收件快递员的电话号码记录下来，以备日后根据顾客的不同要求选择使用，同时，客服还需要了解各个快递公司的网点分布。

（4）了解不同快递公司查询货物运输情况的方法。

（5）了解不同快递公司特殊情况的处理方法，如地址更改、包裹撤回、问题件退回、状态查询、代收货款以及索赔处理流程等。

不同快递公司在运输速度、价格、适用范围上的对比见表 1-1。

表 1-1　网店常用快递对比

快递公司	速度	价格	适用范围
顺丰速运	☆☆☆☆☆	高	适合对运输速度有要求的商品或顾客
"三通一达"等	☆☆☆☆	小件物品价格适中，大件物品价格高	适合大部分商品
德邦快递	☆☆☆	大件物品价格低	适合大件物品的邮寄
EMS	☆☆	小件物品价格适中，大件物品价格高	适合对运输速度要求不高的商品或顾客

四、了解网店交易的 2 个安全知识

1. 交易安全知识

（1）账户安全。网店账户的安全十分重要，一旦账户被盗，不仅网店的经营会受到阻碍，而且账户里的信息和资金都有可能被盗用。保护账户安全最简单的方法是设置复杂的登录密码，例如淘宝网的账户密码是由 6 ～ 16 个字符组成，最好同时使用英文大小写字母、数字、特殊符号等组成混合型密码，这样的密码安全度较高，基本排除了因为密码太简单而被盗号的可能。

（2）支付安全。出于安全考虑，很多网站都对支付过程进行了多重保护，以支付宝为例：

① 密码分为登录密码和支付密码两种，登录密码只能用来查看账户信息，要进行实际的资金交易还需要输入支付密码，这样就提高了安全性。

② 申请支付宝数字证书可使账户资金操作更多一重保护，没有安装支付宝数字证书的计算机，即使知道登录密码和支付密码也无法查看账户信息及进行资金往来。

③ 在此基础上还可以开通手机动态口令，每次需要输入支付密码时，系统会预先向设置和绑定的手机发送一个动态口令，输入了正确的动态口令和支付密码后，支付或者退款行为才能生效。

④ 如果开通了支付宝信使服务，那么账户发生的每一笔交易，支付宝系统都会通过短信将资金变化通知发送给预先绑定的手机。

2.　卖家防骗知识

俗话说：骗人之心不可有，防人之心不可无。作为卖家，在努力促成交易的同时，也要谨防骗局。

（1）发货在先陷阱多。各位卖家在交易时，切不可着急出货。有的买家谎称自己不会使用支付宝，收到货后用银行汇款，或是先付一半的货款，货到后再付余款的，卖家一定不要相信对方，切记在发货前要查看交易状态中买家是否付款。

（2）退货之中藏隐患。如果买家要求退货，一定要在收到货物后再办理退款，严格按照退换货流程进行。同时，为了防止买家在货物上做手脚（如故意损坏货物或将货物替换为其他物品），一定要先检查确认，再进行退换。

（3）木马钓鱼搞破坏。如果有买家发来一个陌生网址并问"有这个商品吗？"或要求团购需要卖家先在其网站上进行注册等，遇到这种情况一定要警惕，避免感染木马病毒或是钓鱼网站。

（4）破解密码占为己有。卖家一定要设置并管理好自己的登录账号、密码、注册邮箱等，尽量不要使用相同的密码，让骗子有机可乘。发现异常情况要及时与客服联系。

（5）使用虚假付款截图骗取发货。骗子买家拍下商品后马上发来一个"买家已付款，等待卖家发货"的付款截图，然后不断地催促发货，如果看到这个截图而没去管理中心确认或查看邮件通知就发货给买家，那么就有可能上当。所以无论买家如何催促发货，一定要在"我的淘宝"看到"买家已付款，等待卖家发货"才能发货。

（6）要求不通过支付宝而直接汇款到网银。交易谈好以后，骗子买家说自己没有支付宝账号，要求使用银行卡汇款。当卖家将自己的银行卡账号告知后，其会用该账号登录网银，然后乱输密码，直到当天输入密码错误次数达到上限，骗子买家会告诉卖家其已汇款，让你查一下。多数卖家都是直接使用网银进行查账的，这时卖家再登录发现密码错误无法查账，而骗子买家会一直不停地催你发货，并说已经汇款，要求马上发货。对于一些新卖家他们还会用一些激将法。一般而言，急于成交的新卖家，或者从事虚拟商品销售的（因为发货就是发卡号或者密码之类的）卖家更容易受骗。

（7）利用相似账号迷惑卖家。有的买家会利用相似的账号进行行骗。比如某买家同时注册两个相似账号，首先用账号"好好对自己d1"（己jǐ）拍下商品并付款，之后再用"好好对自已d1"（已yǐ）的账号给卖家留言："已经付款，请把货发到×××地址。"卖家若未仔细观察，一看的确已经付款，就按照地址发了货。几天以后买家"好好对自己d1"说还没有收到货，卖家仔细检查后才发现，"好好对自己d1"和"好好对自已d1"的收货地址并不一样，是两个完全不同的账号，尽管账号名称很相似。所以，卖家发货之前一定要仔细核对付款人的收货地址，发现不符要及时联系买家。

五、学习客服需了解的商业机密

对于网络店铺而言，成本、货源渠道、分销商和客服资料等毫无疑问都属于重要的商业机密。任何一家企业都不会随便将商业机密泄露给竞争对手和其他人，对员工也有保护商业机密的要求，一旦违反就会执行相应的惩罚制度来规范员工行为。客服人员不仅要有保护商业机密的意识，同时还要遵守职业道德和规范，做一个合格的、优秀的员工。

在日常的工作中，也需要保护商业机密，不能跟外人透露。

（1）如果店铺近期准备推出促销活动，一般会在活动之前就做好准备，如设计促销广告、调整商品价格、准备充裕的库存等。因此，员工会是最早知道这一商业计划的人，这些工作情况和内容都不能随便泄露给公司以外的人。

（2）近期店铺在使用的直通车关键字也属于重要的商业机密，因为直通车是竞价排位，一个好的关键字如果被多个商家选中，购买价格会随之上升，泄露这样的秘密可能会使店铺面临更高的经营成本。

（3）店铺什么商品畅销、做了什么促销活动而获得很好的效果，这些信息也绝对不能跟物流公司的快递员透露，因为这些快递员往往跟附近的其他卖家也有业务合作，一旦知道这些信息，难保不会随口泄露给竞争对手。

（4）店铺的各种账号密码、内部文件等都是不能外传的重要商业机密，甚至公司最近遇到了什么难以处理的麻烦和危机也是所有员工需要保密的，因为这些信息泄露出去就等于暴露了公司的软肋。

（5）店铺的客户资料信息也是重要文件之一，客户资料如果泄露，有可能会被竞争对手获得，有可能使公司失去这部分客户。

　　上述五点只是商业机密里最基本的内容，有些公司甚至会设立信息安全级别（比如合同、客户信息、股东情况等均为一级机密），确定机密传播的范围，让所有员工都了解信息的传播媒介，避免因为对信息的不了解而导致信息安全事故。在日常工作中，员工应谨言慎行，树立保护商业机密的意识，保持良好的职业操守，遵守职业道德和规范。

六、熟知客服需具备的沟通能力

　　沟通是客服与顾客之间传递信息的过程，沟通成功与否不仅取决于沟通的内容，也取决于沟通的方式。良好的沟通能够增加顾客对客服的信任，促成交易，也是情感营销的基础。客服必须具备较强的沟通能力，才能避免出现因为沟通不畅而导致客户流失的情况发生。

 技能演练

　　请同学们仔细查看二维码中的示例步骤并进行模拟练习，熟悉网店交易的 6 个流程。

网店交易的
6 个流程

考核评价

考核评价表

序号	评价内容	得分（共 100 分）			综合得分
		自评（20 分）	组评（30 分）	师评（50 分）	
1	浏览淘宝网多件商品并进行对比				
2	选择购买，填写收货信息并进行支付				
3	查看商品物流信息				
4	确认收货并对商家进行评价				
5	按照实训步骤，将过程截图，整理成文档提交				
	合计				

任务 2　学会使用网络客服常用工具

任务分析

　　客服岗位是网络店铺的必备岗位之一，客服工作的开展对于店铺的购买转化率有着非常重要的作用。学习客服的相关知识是经营一家网店的基础。网络客服工作有售前、售中和售后之分，本任务以售前客服工作为切入点，为大家介绍网络客服常用的工具。

情境引入

　　帮助客户顺利地完成线上交易是售前客服主要的工作职责。在交易过程中，客服人员需要运用平台提供的交流沟通工具和客户进行交流，打消客户购物疑虑；此外，还要通过后台操作帮助客户修改价格、备注留言等。所以，熟练使用聊天工具、熟悉后台操作是所有客服人员必备的工作技能。

分任务 1　熟悉千牛工作台

　　千牛工作台是客服人员在日常工作中使用频率非常高的一个工具，它整合了卖家常用的工具和数据信息，借此来提升卖家的经营效率。淘宝卖家、天猫商家均可使用。千牛工作台包含卖家工作台、消息中心、阿里旺旺、量子恒道、订单管理、商品管理等主要功能，目前有电脑版和手机版。

一、熟悉电脑版千牛的安装与设置

1. 安装千牛工作台

步骤一：通过浏览器搜索千牛，进入千牛官网主页，根据自身电脑的操作系统选择相应的版本进行下载，如图 1-17 所示。

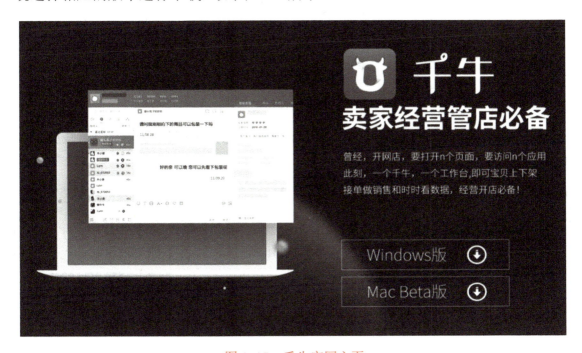

图 1-17　千牛官网主页

步骤二：下载完成后，按照提示安装，如图 1-18 所示。

图 1-18　安装电脑版千牛

步骤三：输入淘宝卖家账号和密码，登录千牛。如图 1-19 所示。

图 1-19　登录千牛

步骤四：登录成功后，应用首页处于空白状态，可根据需求添加一些应用和模块，如图 1-20 所示。

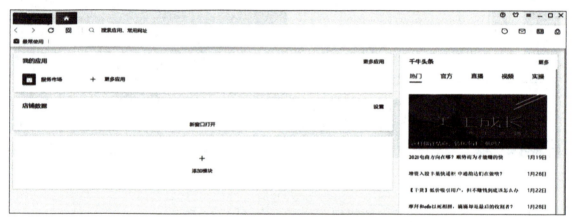

图 1-20　初次登录主界面

步骤五：在首页根据需要添加应用和模块，如图 1-21 和图 1-22 所示。

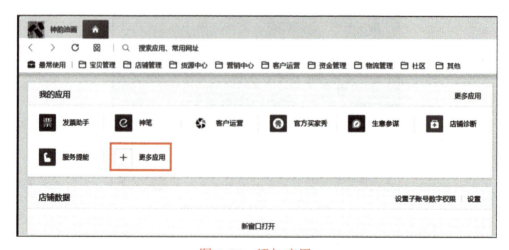

图 1-21　添加应用

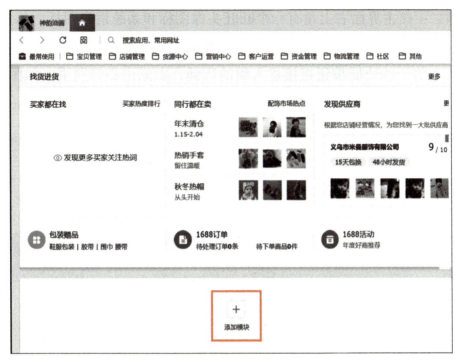

图 1-22　添加模块

2. 千牛工作台界面介绍

千牛工作台包括两种模式，即工作台模式和旺旺模式，这两种模式之间可以自由切换。

步骤一：把鼠标移到页面上边的导航栏上，可以看到应用、网址的搜索栏、卖家经常使用的功能模块等，卖家就是利用这些插件工具对店铺进行管理和维护，如图 1-23 所示。

图 1-23　千牛主界面导航栏功能模块

步骤二：在主界面右上角有一个旺旺头像图标和系统消息图标，单击旺旺图标，跳出旺旺聊天界面。卖家可以在这个界面跟客户沟通，同时可以单击聊天界面左下角的一些快捷按钮直接进入我的店铺、卖家中心等网页，如图1-24和图1-25所示。

图1-24　旺旺头像图标和系统消息图标

图1-25　旺旺聊天界面

步骤三：运用千牛浮动小窗口自由切换工作台模式和旺旺模式，如图1-26所示。

图1-26　千牛浮动小窗口

3．千牛工作台常用功能模块设置

（1）插件功能模块。千牛自带功能可免费使用，但里面的一些插件功能模块（如交易管理、商品管理）由第三方服务商提供，是否收费取决于服务商。目前常见的一些功能，如改价、扫描发货、消息通知等均可免费使用，卖家可以利用这些插件功能进行店铺管理和运营。

步骤一：进入千牛工作台首页，在导航栏下面可以看到"我的应用"，单击【更多应用】，进入应用中心，在这里卖家可以添加自己需要的应用如图 1-27 和图 1-28 所示。

步骤二：卖家还可以个性化添加模块，添加的模块会显示在千牛工作台的首页中，如果需要添加新的模块，可以下拉首页至底部，单击【添加模块】按钮，可以看到已添加的模块和未添加的模块，如图 1-29 和图 1-30 所示。

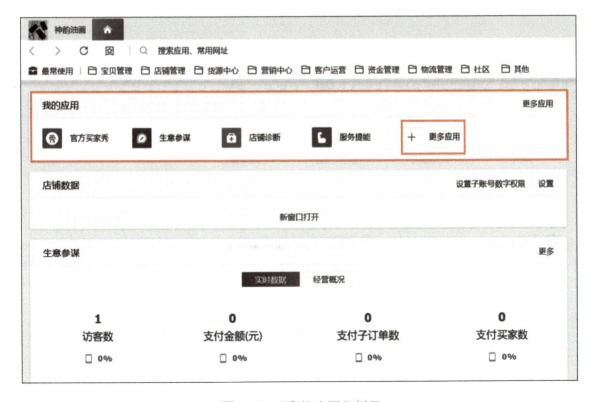

图 1-27　"我的应用"栏目

图 1-28　应用中心

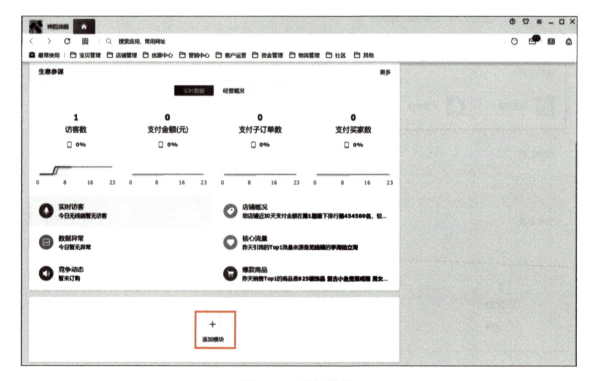

图 1-29　添加模块

图 1-30　首页模块

（2）数据功能模块。网店卖家可以在千牛查看店铺的各项数据，如实时数据、经营数据等。通过对数据的监控和分析，卖家可以更好地运营店铺，如图 1-31 和图 1-32 所示。

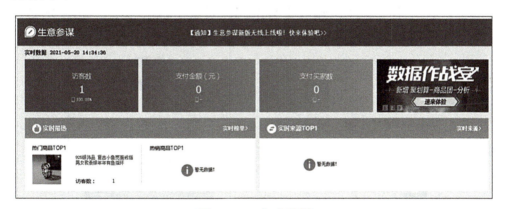

图 1-31　实时数据

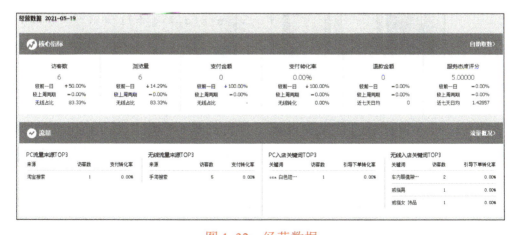

图 1-32　经营数据

二、熟悉手机版千牛的下载与安装

千牛工作台除了电脑版外，还推出了手机版，方便卖家使用。对千牛电脑版的各项功能熟练掌握之后，卖家使用手机版更容易上手。手机版千牛如图1-33所示。

图1-33　手机版千牛

步骤一：在手机应用市场查找千牛并下载，如图1-34所示。

步骤二：打开千牛APP，输入账号密码，登录手机版千牛，如图1-35所示。

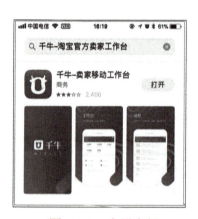

图1-34　应用市场

图1-35　登录手机版千牛

步骤三：进入首页后，首先要设置工作台的显示内容。首页显示的数据内容可以根据网店自身需求来设置，单击【+】可以添加或者移除内容模块，如图1-36所示。

步骤四：在"消息"板块中，卖家可以直接与买家进行交流，单击右上角头像图标可以查看联系人列表，其右侧是添加、建群等功能按钮，如图1-37所示。

　　相对于电脑版，手机版的千牛工作台更加灵活方便，卖家随时可以查看聊天列表，不错过任何一个咨询买家。但是，当同时需要接待的客户数量比较多时，手机版千牛的响应速度和切换聊天界面的操作便利性不如电脑版，所以在日常服务中建议使用电脑版千牛，特殊情况下可以使用手机版千牛。

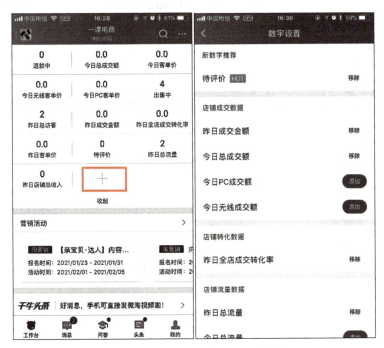

图 1-36　设置工作台显示内容

图 1-37　消息模块

三、学会使用千牛上传商品

对于很多新手卖家来说，如何在千牛上上传商品是一个比较大的问题，接下来我们介绍使用千牛上传商品的操作流程。

步骤一：打开淘宝主页（https://www.taobao.com/），登录并进入卖家中心，单击【宝贝管理】→【发布宝贝】，如图1-38所示。

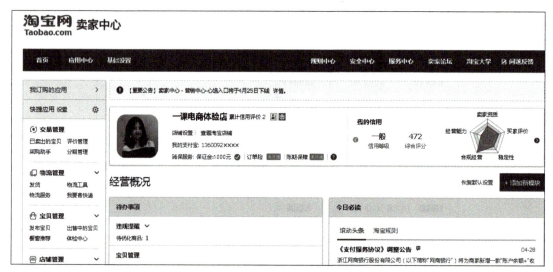

图1-38 淘宝网卖家中心

步骤二：单击【一口价】，然后选择宝贝的类目并阅读淘宝上架规则，阅读完成后，单击【我已阅读以下规则，现在发布宝贝】按钮，如图1-39所示。

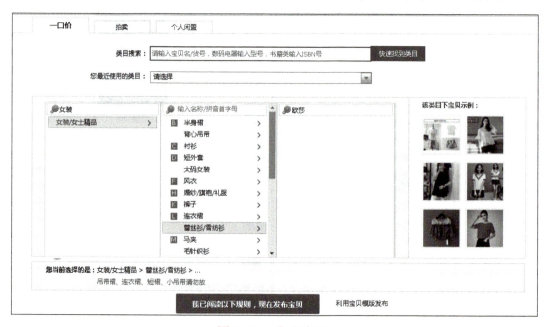

图1-39 发布宝贝

步骤三：进入宝贝编辑页面。首先按照页面提示，填写宝贝的基本信息，如图 1-40 所示。

步骤四：填写宝贝物流及安装服务信息，如图 1-41 所示。

步骤五：填写售后保障信息及其他信息，如图 1-42 所示。

步骤六：宝贝相关信息全部编辑完成后，单击【发布】，完成宝贝上传。返回卖家中心，单击【宝贝管理】→【出售中的宝贝】可查看已上架的宝贝，如图 1-43 所示。

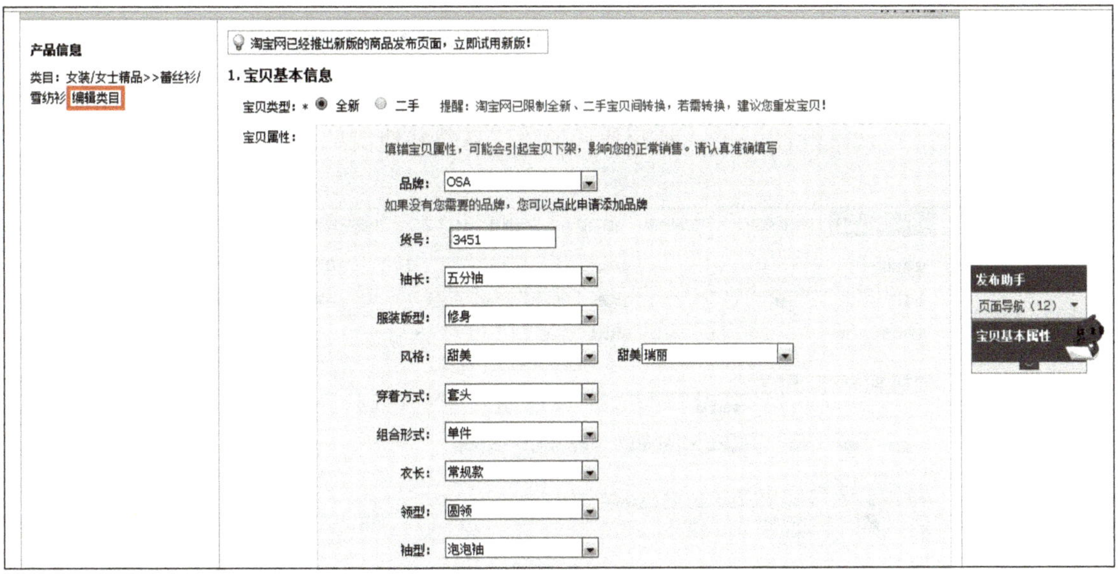

图 1-40 填写宝贝基本信息

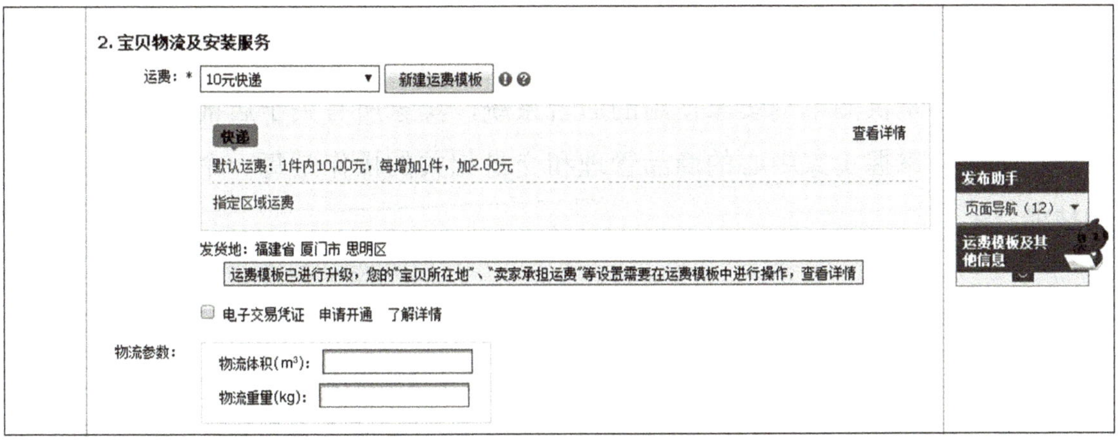

图 1-41 填写宝贝物流及安装服务信息

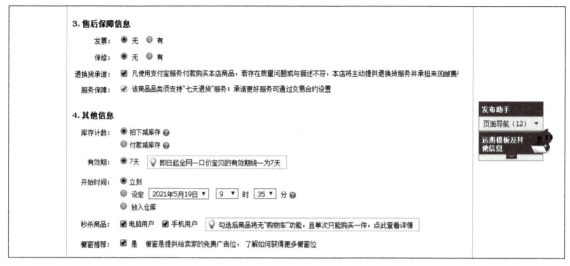

图 1-42　填写售后保障信息及其他信息

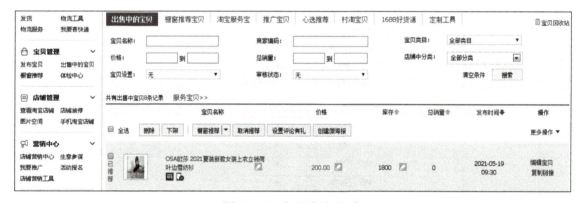

图 1-43　宝贝发布完成

分任务 2　熟悉卖家中心

　　卖家中心是供淘宝网卖家使用的后台系统，卖家所有关于店铺经营的操作都在这里完成。掌握卖家中心的商品管理和交易相关的操作是每一个客服人员必备的技能。

一、登录卖家中心

步骤一：打开浏览器，进入淘宝官网，如图 1-44 所示。

步骤二：单击主页上方【卖家中心】，输入账号密码登录卖家中心，如图 1-45 和图 1-46 所示。

图 1-44　淘宝官网

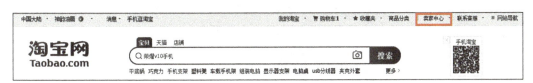

图 1-45　登录卖家中心

图 1-46　淘宝卖家中心首页

二、了解卖家中心功能模块

1. 导航栏功能模块

卖家中心首页上方的导航栏功能包括"首页""基础设置"和"更多","更多"栏目中整合了规则中心、安全中心、服务中心等链接，通过导航栏可以进入相应的页面，如图1-47所示。

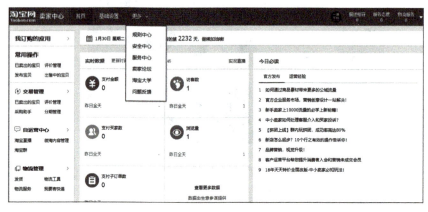

图1-47　导航栏

卖家中心的管理功能主要在左侧的导航栏中，包括交易管理、物流管理、宝贝管理、店铺管理等核心功能模块，如图1-48所示。

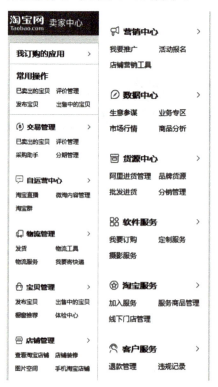

图1-48　左侧导航栏

同时，左侧导航栏的各个功能模块还可以根据需要自定义展示的应用。单击"交易管理"右侧的【>】，就会出现该模块下相关的应用，再单击右侧的钉子图标，就可以将该应用固定在该模块下，如图 1-49 所示。

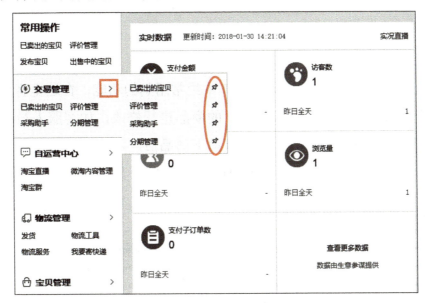

图 1-49　自定义应用

（1）交易管理。交易管理功能模块下包含的常用应用有评价管理和已卖出的宝贝。在评价管理中可以查看店铺半年内的动态评分和来自买家的评价，如图 1-50 和图 1-51 所示。

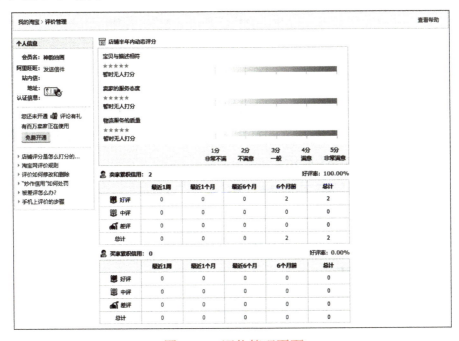

图 1-50　评价管理页面

图 1-51 买家评价页面

"已卖出的宝贝"也是客服人员工作中经常用到的功能，在这里客服人员可以搜索历史交易订单，也可以对买家拍下的商品进行修改，如客服人员在与顾客的交流中承诺给予包邮、优惠等，在买家拍下商品后，可以在这里进行订单搜索、修改价格、修改邮费或者添加备注等操作，如图 1-52 所示。

图 1-52 已卖出的宝贝页面

（2）物流管理。在顾客拍下商品后，订单状态会变成"买家已付款"，此时卖家需要进行发货操作。在物流管理模块下选择【发货】，在这个应用下，卖家可以批量选择发货。选择【未发货的订单】，填写买家信息，单击【确认】按钮后，会显示发货成功，如图 1-53 所示。

图 1-53 进行发货操作页面

同时，在物流管理功能模块下，卖家还可以使用电子面单平台，来提升面单打印速度和发货效率，使卖家可以轻松应对大促活动，如图 1-54 所示。

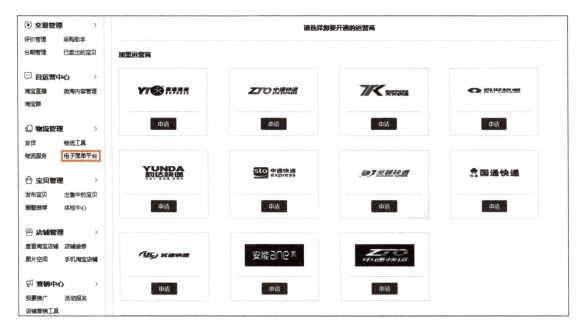

图 1-54　电子面单平台

（3）宝贝管理。宝贝管理功能模块下包含的常用应用有发布宝贝和查看出售中的宝贝，主要是对店铺中的商品进行管理，如图 1-55 所示。

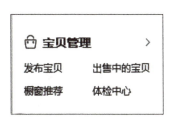

图 1-55　宝贝管理

发布宝贝的操作流程前文已作详细介绍，这是每个客服人员都需要熟练掌握的技能，除此之外，客服人员还需要学会使用"出售中的宝贝"功能。在这里可以查看当前店铺上架的宝贝及其库存状态，也可以对宝贝进行删除、下架等操作。其中，一个重要功能就是可以对上架的宝贝信息进行编辑，包括修改宝贝标题、描述宝贝卖点和属性以及上传宝贝的图片和视频等，如图 1-56 和图 1-57 所示。

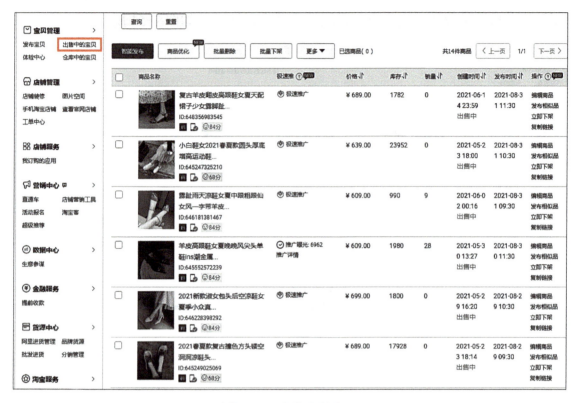

图 1-56　出售中的宝贝

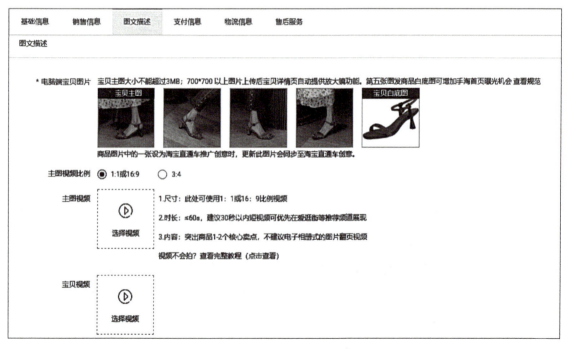

图 1-57　编辑宝贝信息

（4）客户服务。这里主要介绍退款管理应用。当顾客收到商品后不满意或商品有瑕疵需要退货时，或者在与客服进行沟通后想要取消退款或者退货申请的，客服均可以在退款管理应用页面进行查看，同时可以进行退款详情查看、退款协议达成以及拒绝退款等操作，如图 1-58 所示。

图 1-58　退款管理页面

2. 基础设置功能模块

通过卖家中心首页上方导航栏的"基础设置"功能，卖家可以设置自己的淘宝店铺和手机淘宝店铺的基本信息。首先是店铺基本设置，包括店铺名称、标志、简介、经营地址等的设置，在这里设置的信息将会在店铺前台展示给买家，所以一定要认真对待，如图 1-59 所示。

此外，在基础设置中还可进行域名设置、淘宝认证、店铺经营许可、店铺过户、店铺升级和子账号管理等操作。基础设置中的各项功能主要是协助店铺做好正式营业前的准备工作和解决之后店铺发展中可能遇到的一些问题。

图 1-59　店铺基本设置

 技能演练

使用千牛
上传商品

请同学们仔细查看二维码中的示例步骤并进行模拟练习，掌握使用千牛上传商品的操作流程。

 考核评价

考核评价表

序号	评价内容	得分（共 100 分）			综合得分
		自评（20 分）	组评（30 分）	师评（50 分）	
1	掌握进入卖家中心方式				
2	了解淘宝规则				
3	掌握宝贝编辑界面				
4	掌握设置物流及安装				
5	掌握设置其他信息				
6	发布宝贝并将过程梳理成文档提交				
	合计				

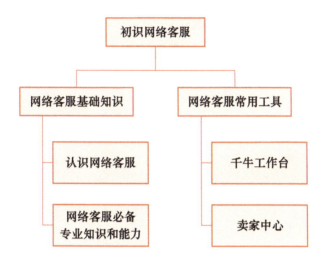

1. 泄露他人信息的，淘宝对卖家所泄露的他人隐私信息进行删除，每次扣除（　　）分，情节严重的，每次扣除48分。

    A．4   B．5   C．6

2. 恶意骚扰是指客服采取恶劣手段骚扰他人、妨害他人合法权益的行为，每次扣（　　）分。情节严重的，视为严重违规行为，每次扣48分。

    A．6   B．12   C．24

3. 运输体积小、重量轻且要求隔天送达的包裹应选择（　　）。

    A．EMS   B．顺丰   C．德邦

4. 千牛本身自带功能收费，里面的一些插件功能模块（如交易管理、商品管

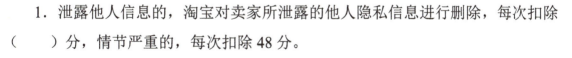

理）由第三方服务商提供，是否收费取决于服务商。（　　　）

　　　A．对　　　　　　　　B．错

　　5．千牛工作台包括两种模式，即工作台模式和_____，这两种模式可以自由切换。

　　6．卖家中心的管理功能主要在左侧的导航栏中，包括_____、物流管理、宝贝管理、店铺管理等核心功能模块。

　　7．_____功能模块下包含的常用应用有发布宝贝和查看出售中的宝贝，主要是对店铺中的商品进行管理。

项目 2
掌握网络客服各岗位工作技能

客服人员的工作贯穿商品销售的整个流程，售前咨询、售中服务、售后支持都离不开客服。对于规模较大的电商企业，客服岗位细分成售前、售中和售后三大方向，每个细分岗位的客服人员都要掌握扎实的工作技能，才能更好地服务客户。

项目内容

本项目主要从售前客服、售中客服、售后客服三大方向来全面介绍客服岗位相关知识，使学生了解客服三大方向所需要具备的工作技能和应变技巧。

项目目标

- 掌握售前客服的工作职责和工作技能。
- 掌握售中客服的工作职责和工作技能。
- 掌握售后客服的工作职责和工作技能。

任务 1　掌握网络客服售前工作技能

任务分析

售前客服是每一家网店都需要设置的岗位，顾客在购物过程中遇到的问题及产生的疑惑，只能通过询问售前客服才能得到答案。而顾客的购物需求各不相同，售前客服需要了解、挖掘不同顾客的真实诉求，这对售前客服的业务能力提出了更高的要求。

情境引入

在网络交易中，买卖双方无法面对面交流，买家只能通过文字、语言、表情等来表达其想法和需求，这对在线客服人员就提出了较高的要求，特别是售前客服，他们的工作在很大程度上影响着店铺的业绩。

本任务重点学习售前客服的工作职责，以及其所需掌握的实用的业务技能。

分任务 1　熟悉网络客服售前职责

售前客服是直接关乎顾客购物体验好坏的岗位，要对顾客是否买到适合自己的商品负责，要对顾客是否能够顺利完成交易负责，要尽力给予顾客良好的购物体验，做好二次营销的铺垫工作。

一、了解售前客服的主要职责

售前客服的工作职责主要有以下 4 个方面：接待咨询、产品推介、处理异议、促成交易（见图 2-1）。这就要求售前客服要能够熟练使用阿里旺旺等工具与顾客聊天，有问必答，有礼貌、有耐心；要熟悉店内产品，了解顾客需求并能迅速准确地进行产品推介；要具备良好的沟通、协调能力，能妥善处理顾客异议；要具备良好的职业素养，具有较强的服务意识。售前客服的工作担负着能否激起顾客购买欲望的重担，从而直接影响店铺的询单转化率。

图 2-1　售前客服的工作职责

二、认识询单转化率

1. 什么是询单转化率

询单转化率是指咨询后下单人数与询单总人数的比例，其公式为：

询单转化率 = 咨询后下单人数 ÷ 询单总人数 ×100%

询单总人数是指到店铺后咨询客服的人数之和，咨询后下单人数指买家与客服交谈过而后下单的人数之和。例如，一天之内有 100 个买家向客服咨询了商品的信息，最后这 100 人中有 45 个人下单，那么该客服的询单转化率就是 45%。可见，客服的询单转化率越高,店铺的销售额就越高。

询单转化率反映了客服的专业能力，买家进行咨询，就说明有了初步的购买意向，但是对商品或者物流还有疑惑，此时售前客服只要正确引导，就有很大机会能让顾客下单。所以，询单转化率越高，说明该客服的能力越强。售前客服综合能力考查权重如图 2-2 所示。

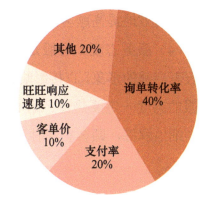

2. 影响询单转化率的因素

图 2-2　售前客服综合能力考查权重

询单转化率主要由客服的专业知识、信息掌握、销售技巧、服务态度等能力综合决定，如图 2-3 所示。

图 2-3　影响询单转化率的因素

（1）专业知识。客服掌握的专业知识是影响询单转化率最重要的因素，包括产品相关知识、行业专业知识和相关的操作技能（见图 2-4）。首先，只有当客服人员掌握了足够多的产品相关知识，在面对顾客的各种咨询时才能够得心应手，所回答的问题与推荐的产品才更具有说服力。其次，售前客服还要了解行业相关知识，了解最新的行业动态，了解相关竞品的情况。最后，售前客服还要掌握相关操作技能，例如修

图 2-4 客服专业知识

改价格、包邮设置、赠送礼品等，熟练使用这些操作技能才能在与顾客沟通时更加灵活多变。例如老顾客一般会要求提供优惠价，此时客服大多都会给予一定的优惠，因而在顾客付款前要快速修改价格，达成交易。

（2）信息掌握。信息主要是指促销信息，如优惠券的使用、包邮条件及满减信息等，这样在交谈时可以帮助顾客找到性价比最高的方案，提升其购物欲望。

（3）销售技巧。客服的销售技巧多种多样，如顾客需求分析技巧，价格退让技巧，推荐产品时的假设法、赞美法等，售前客服只有巧妙地运用这些销售技巧，才可以有效地提高顾客的购买意愿，从而提高询单转化率。

（4）服务态度。客服是直接和顾客进行沟通的人员，客服的服务态度和质量代表着店铺的形象，直接影响询单转化率和店铺销量。因此，在与顾客进行沟通时，客服的态度一定要热情、耐心、亲切，顾客的消息要及时回复，顾客的疑问要耐心详细地解答，顾客犹豫时不能催，始终保持良好的服务态度与职业素养。

分任务 2　掌握接待咨询的 3 个技巧

技巧 1：接待开场白

好的开始是成功的一半。客服人员与绝大部分买家都是第一次交谈，所以给买家留下良好的第一印象十分重要。客服人员要注重开场白的使用，开场白应包括尊称、店铺名（品牌名）、客服昵称、表情等要素，让客户感受到亲切、受重视，留下良好的第一印象，使交谈持续进行。同时，客户呼入的前 6 秒钟为"黄金 6 秒"，在说完开场白后，客服要迅速回复客户的咨询，在短时间内跟客户建立良好的关系，循序渐进地将对话与销售的商品联系起来，从而促成订单，如图 2-5 所示。

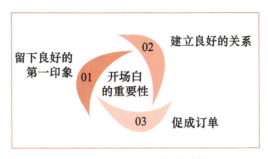

图 2-5　开场白的重要性

技巧 2：设置自动回复

在日常工作中，客服需要亲自动手回复客户，但是当活动大促、接待量巨大的时候，为了能够提高询单转化率，通常可以使用千牛自动回复功能，一方面可以减少客户等待时间，帮助客户解决一些简单的问题；另一方面可以取得缓冲时间，为开展下一步人工接待工作作铺垫。在千牛设置自动回复功能的步骤如下。

步骤一：单击千牛工作台右上角的【设置】→【系统设置】按钮，如图 2-6 所示。

图 2-6　系统设置

步骤二：进入系统设置界面，单击【客服设置】→【自动回复设置】，如图 2-7 所示。

图 2-7　自动回复设置

步骤三：单击【新增】按钮，在跳转的对话框中输入新增的自动回复短语，可设置字体字号、插入表情等，内容设置完成后单击【保存】按钮，如图 2-8 所示。

图 2-8　新增自动回复短语

步骤四：设置完成后可以看到"自动回复短语"界面框里显示了刚设置好的内容，可以用同样的方法新增其他的自动回复短语，如图 2-9 所示。

图 2-9　新增自动回复短语完成

步骤五：切换到"设置自动回复"界面，按照店铺需求勾选并设置个人回复，如图 2-10 所示。设置完成后单击【确定】，自动回复设置完成。

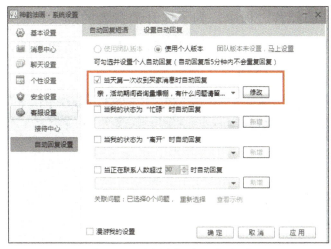

图 2-10　设置自动回复完成

技巧 3：掌握 2 种开场白话术

开场白话术针对不同消费者、不同场景都应该有所差异，客服人员一般可以从以下几个方面组织开场白话术。

1．推荐店铺品牌及商品品质

在日常销售中，接待用语建议多偏重店铺品牌及商品品质，便于消费者对商家及品牌有一个初步的认知，为之后的商品推荐工作做好准备，如图 2-11 所示。

图 2-11　推荐店铺品牌及商品品质

2．推荐活动信息

如今，在店铺的经营过程中，为了提升消费者的购买积极性，店铺常常会开展一些活动来促进销售，这些活动信息是客服人员必须知悉的，且可以作为极具吸引力的开场白，如图 2-12 所示。

图 2-12　推荐活动信息

分任务 3　掌握产品推介的技巧

一、了解产品相关的 4 个小知识

对售前客服人员来讲，对产品知识的掌握是非常重要的，事关客服人员能否向顾客准确地推荐商品、能否做好关联营销、能否解决顾客遇到的各类商品问题等。产品知识主要包括产品外观、产品基本属性、产品安装及使用方法以及竞品对比等。此外，产品的保养维护、可做关联营销的产品及其相关性等内容也建议客服人员进行掌握。

1．产品外观

对于产品外观，客服人员需要观察实际产品，掌握其外在特点，并能通过文字进行描述，在顾客提及产品外观时可以明确地进行答复。

例如，对于阿芙精油来说，顾客可能会询问精油容器是玻璃材质还是塑料材质的，此时客服人员需要做出明确答复，如图 2-13 所示。

图 2-13　产品外观

2. 产品基本属性

产品基本属性包括但不限于产品的规格、成分、含量以及配件等，这些也是客服人员需要掌握的知识，尤其是非标类的商品如服装、鞋帽、化妆品、食品等，顾客会针对尺寸、成分、含量等问题来进行咨询，确认产品是否适合自己使用。

以阿芙精油为例，产品的规格是按照容量来定义的，即 10ml；原料成分为薰衣草，化妆品保质期为 36 个月，这些产品基本属性信息客服都要熟悉并能及时给顾客相应的解答，如图 2-14 所示。

产品参数：		
产品名称：阿芙 薰衣草精油	化妆品保质期：36个月	原料成分：薰衣草
是否为特殊用途化妆品：否	限期使用日期范围：2021-03-05至2024...	精油皮肤疗效：平衡油脂分泌
精油心理疗效：无	精油身体疗效：无	化妆品净含量：10ml
品牌：阿芙	单方精油单品：薰衣草精油	适合肤质：任何肤质

图 2-14　产品基本属性

再如，顾客向客服人员咨询关于服装面料材质及成分含量时，如果客服人员能够很准确地说出来，顾客就会觉得客服人员具有一定的专业性，值得信任，如图 2-15 所示。

```
                    2021-2-2 11:38:14
       在吗

神韵油画 2021-2-2 11:38:38
    亲 您好 请问有什么可以帮到您的？ 已读

                    2021-2-2 11:39:11
       我想问一下你们的羽绒是什么材质的。

神韵油画 2021-2-2 11:40:11
    亲，本店羽绒服100%聚酯纤维的哦，内里含80%白鸭绒，面料挺括防风，不仅保暖，而且还很时
    尚潇洒呢！
                                                              已读
```

图 2-15　咨询面料材质及成分含量

3．产品安装及使用方法

对于家居、数码配件等产品来说，买家在收到商品后常常就安装问题咨询客服，因此，客服人员一定要熟悉产品的安装流程及注意事项，最好亲自进行一遍产品的安装，并将安装过程中常见的问题记录下来，列出解决方案，当顾客在安装中遇到问题进行咨询时，客服应迅速给出解决方案。

尤其是有些产品安装不当可能影响产品的使用效果，甚至会造成产品损坏时，客服人员在销售产品时一定要提前说明，保证买家收到产品后能够正确使用（见图2-16）。客服帮助顾客解决产品的使用问题后，可以打消顾客对产品的疑虑，提升购物体验。

图2-16　咨询产品安装及使用方法

4．竞品对比

竞品是指与自家产品在价格、功能等方面相类似的同类产品。顾客在挑选商品时，通常会对几个同类产品进行对比，此时，顾客很可能会向客服人员咨询竞品之间的差异。当遇到这种情况时，如果客服人员事先对竞品做了分析，那么在面对顾客咨询时自然能够凸显自家产品的优势，说服顾客。

客服人员可以提前分析竞品，制作竞品分析表（见表2-1），方便在与顾客讨论产品时扬长避短地进行介绍。以吸油烟机为例，收集竞品信息并制作竞品分析表，寻找自有产品的独特卖点。客服在向顾客介绍产品时，可以就价格、材质、售后保修这几个方面进行详细说明。

表 2-1　竞品分析表

竞品对比	价格	吸力	材质	主打卖点	售后保修
自有产品	2 199 元	17m³/min	不锈钢＋钢化玻璃	智能烟雾感应	2 年（活动赠三年延保）
品牌 A	2 588 元	18m³/min	不沾油涂层	超强拢烟	5 年
品牌 B	2 288 元	17m³/min	钢化玻璃	触控、大吸力	3 年
品牌 C	1 999 元	14m³/min	不锈钢	纯钢机身	2 年

二、熟悉产品推介的 2 个流程

在产品同质化日益严重的今天，顾客从不缺少选择，他们往往关心的是自身的需求能否得到有效地满足，所以，客服在向顾客介绍商品时，必须先掌握顾客实际需求，再将自身产品的性能和特点转化为能满足需求的卖点，给顾客一系列选择自己产品的理由。

1. 挖掘顾客需求

客服人员首先要知道，顾客是带着需求和预算到店咨询的，只有当你的推荐符合其需求时，顾客才会接受你的建议而购买某件商品。所以，客服人员一定要了解和挖掘顾客的真实需求，只有掌握了顾客需求后才能将商品的特点与之结合起来，为顾客提供适合的商品从而促成交易。

2. 转化商品卖点

能够满足顾客需求的商品属性就是卖点，也就是顾客的需求点。不同顾客有不同的需求点，所以，针对不同顾客所要强调的卖点也不同。实际上，每个商品的卖点都有很多，当该商品的主要卖点符合顾客的需求时，成交就是水到渠成的事，而客服人员需要做的就是找到商品的主要卖点并将其推介给顾客。

分任务 4　掌握处理异议的技巧

一、掌握打消客户疑虑的 2 个技巧

在网络购物中，买家可能会对产品提出一些疑问，此时售前客服如果能够打消客户心中的疑虑，就很有可能促成交易。一般来说，在网购中客户的疑虑主要集中在产品和物流两个方面。

1．对产品的疑虑

一般来说，网络店铺中的产品价格普遍低于实体店，且买家不能直接接触商品，容易对商品的质量、颜色、尺寸等提出疑问。

面对"未曾谋面"的商品，单单通过图片、视频、文字等的描述难以取得买家的信任，有了这些疑虑的存在，买家就不会轻易做出购买决定，所以，售前客服必须针对买家的疑虑做出解释。

下面介绍消除客户对产品质量产生疑虑的四种方法。

（1）承认不足。对于售前客服来说，承认不足的方法适用于产品本身确实有瑕疵，所以才会降价销售的情况。这种情况下，售前客服一定要事先对买家说明产品的质量情况，否则容易引起后续纠纷。承认不足的话术如图2-17所示。

图2-17　承认不足的话术

（2）否定质疑并给出证据。如果买家将本店铺的产品与其他店铺的产品进行比较，然后质疑产品质量时，可以直接否定客户的质疑，并说明情况，比如出示产品的质检证明等，如图2-18所示。

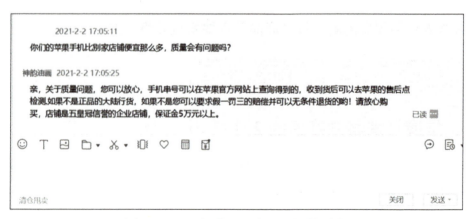

图2-18　否定质疑并给出证据的话术

（3）感同身受法。当买家提出大多数人都会有的疑问时，客服可以告诉他，其他买家在选择该产品或服务时也曾提出过相似的疑问，但是购物完成后的反馈都是正向的。在使用这一方法时，可以借用其他买家的评论，让结论更具说服力，如图 2-19 所示。

> 2021-2-2 17:06:44
> 我看红色皮带这款价格这么便宜，不会是有质量问题吧？
>
> 神韵油画 2021-2-2 17:06:54
> 亲，以前我们也有一些老顾客有过类似疑虑，他们也提过类似的问题，最近这款产品我们在做促销活动，以回馈新老顾客，质量完全没问题，是100%牛皮的。现在买这些产品非常划算哦，亲完全可以放心地拍单！　已读

图 2-19　感同身受法使用话术

（4）弥补法。每种产品都是兼具优点与不足的，当买家对该产品的不足之处提出质疑时，客服应肯定这种质疑符合情理，但应用另外一种属性带来的优势来弥补质疑属性带来的劣势，如图 2-20 所示。

> 2021-2-2 17:08:07
> 这款手表……（手表页面链接）是瑞士生产的？
>
> 神韵油画 2021-2-2 17:08:21
> 亲，我们的产品是和世界上第一大名表生产品牌劳力士合作开发的，产地在国内的广东省，但您放心，所有的生产标准都是按照劳力士的标准来的，手表的零部件以及设计都是最好的。　已读

图 2-20　弥补法使用话术

2. 对物流的疑虑

当解除买家对产品的疑虑后，客服接下来要做的就是消除买家对物流的疑虑，以促使其下单。一般可以从两个方面入手来打消买家对于物流的疑虑。

（1）优质的物流合作伙伴。当买家对物流配送产生疑问时，客服可以从物流公司服务质量角度进行说明，强调与店铺合作的物流公司服务质量优、配送速度有保证等，打消买家疑虑，如图 2-21 所示。

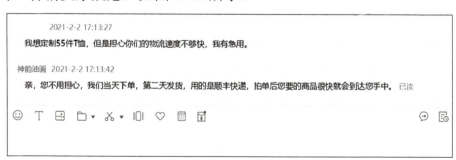

图 2-21　消除买家对物流速度的疑惑

（2）买家自选合作物流。买家来自于不同的地方，而各个物流公司的配送范围和速度也是有区别的，因此，当买家对物流配送有疑虑或特殊要求时，客服人员可以告知买家，有多家物流公司与自家店铺合作，买家可以选择自己认可的物流公司，如图2-22所示。

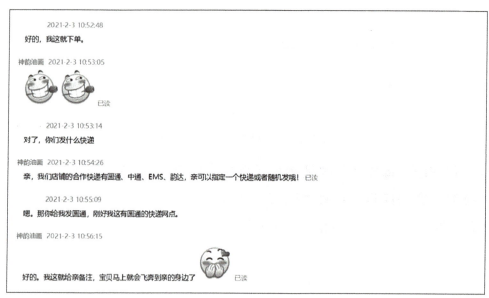

图2-22 买家自选合作物流

二、掌握3种应对客户议价的方法

很多客户在购物时都习惯议价，但是客服不可能一一给予优惠，也不能直接拒绝。客户要求降价，主要有三个原因：一是认为产品价格与价值不符，二是和竞品相比价格偏高，三是经济承受能力有限。所以，对于客服来说，碰到客户议价首先需要分析、确认客户议价的原因，然后根据不同的原因给出合适的回答。

1．产品价格与价值不符

客服应对这类客户的议价可以采用比较法、强调法等策略。

（1）比较法。比较法即与同类产品比价格，使用这一方法需要注意的是，比较对象应当是质量差距不大、但是价格更高的产品。这样，就能让客户衡量出产品的性价比了，进而更容易接受你提供的产品价格。

（2）强调法。强调法即强调该产品在品牌、质量、材质、功能或是售后服务等某些方面优于同类产品，具有特殊优势，能为客户带来更大的价值，因此价格较高。同时还应提醒客户要提防假冒伪劣产品，谨慎购买，如图2-23所示。

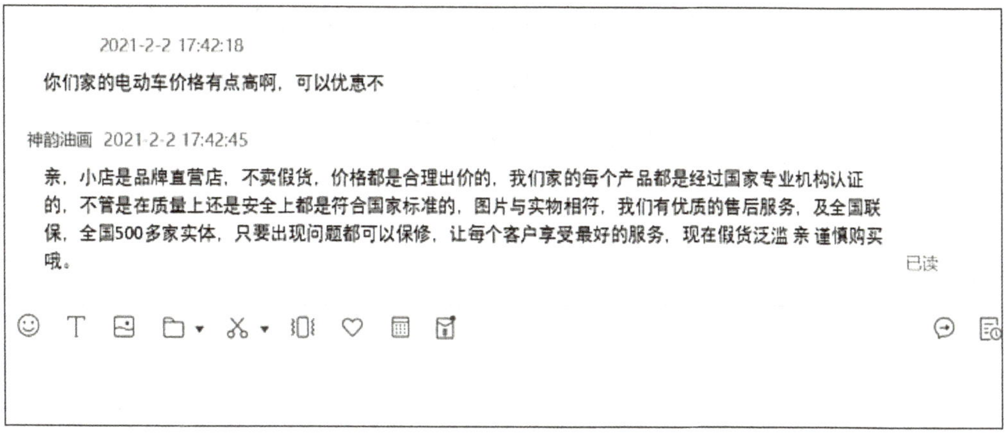

图 2-23　强调法使用话术

2. 与竞品相比价格偏高

对于很多客户来说，在购物时都喜欢把以前的产品与现在的产品进行价格上的纵向对比，或是进行货比三家式的横向对比，对于这类客户，客服可以采用事实分析法来解决问题。

事实分析法即按实际情况分析、证明价格的合理性。使用这一方法需要注意，应告知客户产品的实际情况并说明物价变化的事实，这样才能让客户衡量出产品价格的合理性，进而更容易接受你提供的产品价格，如图 2-24 所示。

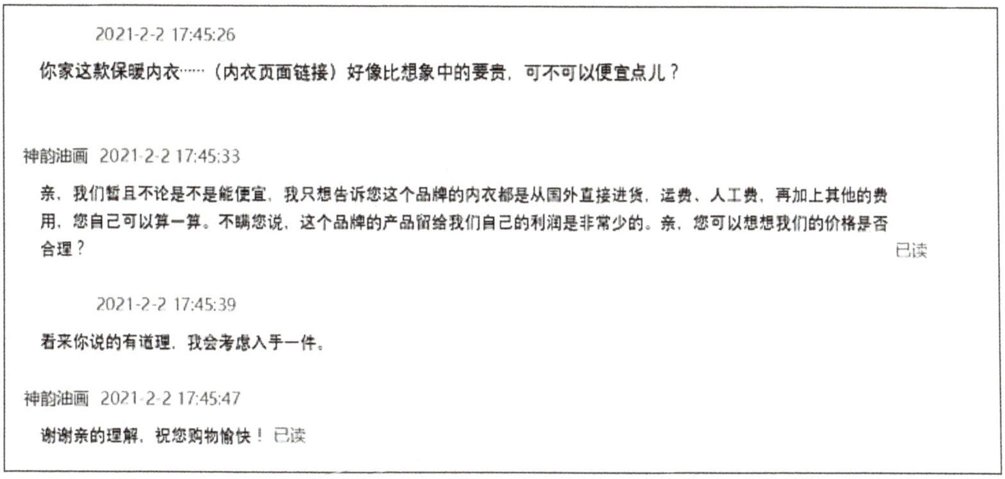

图 2-24　事实分析法使用话术

3. 经济承受能力有限

一些客户在讨价还价时会说明自己非常喜欢该产品或是非常想购买，但经济承受能力有限，希望获得优惠。对于这类客户，客服人员可以采用平均法的策略。平均法是指将产品价格分摊到每月、每周甚至每天，尤其是客户反映产品价格太高的时候，将客户对产品的投资平均到每一天来说明花费并不高是非常有效的。平均法适用于价格较高的服装、保健品、护肤品等产品，如图 2-25所示。

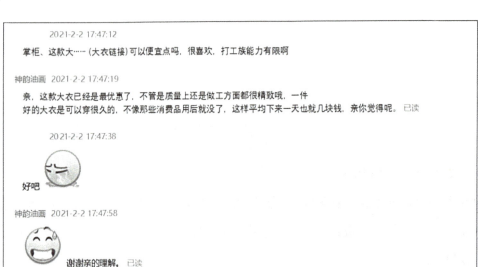

图 2-25　平均法使用话术

分任务 5　掌握促成交易的技巧

一、掌握 2 种追单催付的技巧

在接待服务中，经常会出现消费者不再回复或者下单后却迟迟没有付款的情况，如果这时客服人员放任不管，不进行追单催付，就很可能造成订单的流失。

1. 买家询问后未下单

当遇到买家询问过产品却迟迟不下单的情况时，客服要保持耐心，切忌盲目追单，首先要分析顾客的疑虑在哪里，是价格原因，还是担心质量，或者是担心售后。只有帮助顾客及时打消疑虑，追单才能产生效果。

例如某食品店铺，顾客前来购买花生，咨询客服后放弃了，如图 2-26 所示。

仔细分析顾客的需求，可以猜测顾客可能想购买熟花生，而自家店铺只有生花生。这里有两种方法解决此问题，一是及时推荐生花生，二是告知生花生的营养价值和吃法，围绕着顾客的需求进行追单才是行之有效的策略。

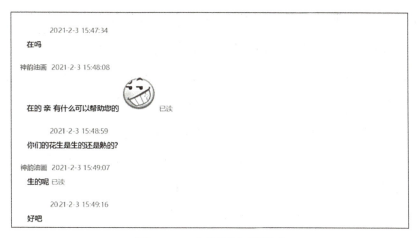

图 2-26　分析顾客的疑虑

2. 买家下单但未付款

针对这种情况的追单是每个店铺必不可少的环节，同时需要借助合理的催付流程和技巧才能促使顾客完成付款。

（1）分析未付款的原因。淘宝网的统计数据显示，买家下单但未付款的原因主要有以下几点：首先是人的原因，即客服的服务问题；其次是钱的原因，如支付问题、发现更低的价格等；最后是物的原因，即买家发现了更好的产品。如图 2-27 所示。

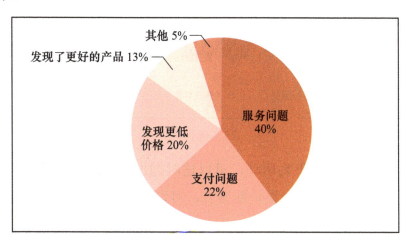

图 2-27　未付款的原因分析

关于人，主要是客服的服务问题，比如响应的时间过长、服务不热情、语言太生硬等。客服人员在催付时一定要改变自身的态度，并可适当赠送一些赠品，注意突出赠品的价值（实用、限量），让顾客感受到客服的热情。

关于钱，顾客可能是缺少资金或者忘记登录、支付密码，此时客服人员可以明确说明可以为顾客保留货物，并告知其本店可以使用的支付方式。此外，当客服遇到新手买家时，要积极主动地帮助、引导其完成支付。

关于物，对于顾客来说，更好的商品意味着该商品更能满足自己的需求，可能是质量上、价格上、颜色款式上、物流速度上等。围绕着商品，每个顾客都有不同的需求，在催付的过程中，只有打消顾客的这些疑虑，才能事半功倍。

（2）催付的时间点。在催付的时间安排上也要合理。在日常生活中，每个人的闲暇时间都是相似的，例如中午 12 点，此时正好是午饭时间，催付的成功率会更高一些。而夜间的订单，建议次日 10 点以后再催付，具体见表 2-2。

表 2-2　催付的时间点

下单时间	催付时间
上午单	当日 12 点左右
下午单	当日 17 点左右
傍晚单	当日 22 点前
夜间单	次日 10 点或者 12 点

（3）催付的技巧。在催付的流程中，催付的技巧就是做好每一个催付的环节，准确分析顾客未付款的原因，因时制宜地选择合适的催付时间。关于催付时的技巧，客服人员可以从以下三个角度切入来说服顾客付款，如图 2-28 所示。

图 2-28　催付的角度

催付后，如果顾客仍不为所动，可以适时抛出店铺的礼品。如果是老顾客，可以说是特别申请的回馈；如果是新顾客，可以说是为冲击销量，前 50 名下单的顾客才可享受。需要注意的是，赠礼时应说是"礼品"而不是"赠品"，可以让顾客感觉自己比其他买家获得了更多实惠，从而提高付款的概率。

如果说明了时限，顾客还是在犹豫，那么可以从发货时间和商品的库存数量入手，给顾客制造紧迫感。此时，如果顾客继续无动于衷，那么客服可以提供进一步的服务了，可以告知顾客店铺已经核对好订单，随时发货并支持七天无理由退款，同时赠送运费险服务，让顾客放心付款，打消最后疑虑。

二、掌握关联营销的时机和技巧

客服的日常工作主要围绕着三个关键词进行：询单转化率、客单价（顾客平均交易金额）、回头率。客服人员在成功推荐产品并确认消费者购买意向时，关联营销是提高客单价的有效方法，想要提高关联营销的成功率，一定要在双方互惠互利的基础上进行。

1. 关联营销的时机

做好关联营销的关键之一就是要掌握好营销时机，才能让关联营销事半功倍。当顾客提出议价时，买卖双方往往因价格分歧而使沟通陷入僵局，此时客服人员如果直接拒绝就容易导致客户流失。但如果换一个角度思考，会发现此时是一个很好的关联营销时机。客服可以巧妙通过阶梯价格让消费者感到优惠就在眼前，只要满足某种条件，就可以享受折扣或者满减。

例如，一件价格 148 元的大衣，顾客的心理价位是 120 元，客服适时推出满 200 元减 30 元的优惠，并向顾客推荐一件单价为 60 元左右的商品，这样顾客在盘算之后，觉得自己享受到了优惠，就可能会下单，如图 2-29 所示。

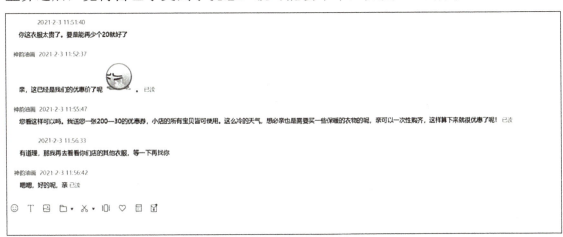

图 2-29　关联营销的时机

关联营销不仅能在顾客议价时使用，同样可以在顾客下单但未支付时使用。顾客已经下单了店铺的产品，此时客服可以提醒顾客多买可以享受优惠或者赠品。此时顾客已经下单，说明其对店铺的产品和服务有了认同感，客服在这个时机做关联营销也是相对容易成功的。

2. 关联营销的技巧

关联营销想要获得成功，除了要掌握营销的时机外，还要掌握一些关联营销技巧。

（1）价格刺激技巧。求实惠的心理在每个买家身上都会有所体现，不管是买送福利、满减优惠、套餐优惠还是店铺优惠券，买得越多优惠越多，这样的实惠是实实在在看得见的，也是最容易打动顾客的。

例如，现在很多商家使用"买三免一"的做法，顾客购买三件商品时，其中售价最低的一件商品在结算时免单。在这种价格刺激下，很多本来打算只购买一件商品的顾客最后可能会买走三件。除了"买三免一"的价格刺激，商家通常还会有不同面额的满减券（如满300元减25元、满200元减15元、满100元减5元），客服在做关联营销时，尽量不要一次性把所有满减优惠券发放给顾客，这样可能会导致顾客仅能满足低门槛消费要求却要求得到高门槛的优惠。不同面额的满减券如图2-30所示。

图2-30　不同面额的满减券

一般做法是根据顾客看中的商品价格来确定给予的优惠券面额，例如顾客看中的商品价格是168元，那么此时客服可以赠送一张满200元减15元的优惠券，这样才能最大程度上激发顾客凑单的欲望。

（2）条件刺激技巧。在店铺现有的活动中，适时给予顾客价格方面的优惠是关联营销最有效的方法之一，但是也有越来越多的消费者不为所动。对于这类顾客，客服需要转换策略，尝试用不同的条件吸引顾客，这种策略最适合用在互补品类中（如羽毛球拍和羽毛球、气球和打气筒）。

（3）情感共鸣技巧。除了前面介绍的两种技巧外，客服在关联营销时也不能忽视引发消费者情感共鸣的重要性，也就是要打动消费者的内心。客服人员在与顾客的沟通中要时刻注意情感的交流，也就是要"走心"，例如销售母婴类产品，客服可以告知顾客在购买婴儿用品时要注意的事项，销售护肤产品可以告诉顾客不同季节、不同年龄、不同肤质的人应该如何护肤等。总之，要让顾客感受到客服人员是真心实意地为顾客着想的，从顾客的情感需要出发，而不只是为了赚取利润。

在实际应用中，关联营销的各种技巧需要综合运用，同时需要客服人员非常熟悉产品各方面的知识。一个有心的客服就是一个专业的客服，得到顾客信赖的客服不仅能提高询单转化率，也会赢得一批忠实的顾客。

 技能演练

客服
话术整理

请同学们仔细查看二维码中的客服话术并进行模拟练习，熟练掌握各种情况下的客服回复话术。

 考核评价

考核评价表

序号	评价内容	得分（共100分）			综合得分
		自评（20分）	组评（30分）	师评（50分）	
1	掌握如何接待前来咨询的消费者				
2	掌握如何给消费者推荐适合的产品				
3	掌握如何帮助消费者解答购买中遇到的问题				
4	掌握如何应对消费者的议价				
5	掌握如何应对纠纷				
6	掌握如何处理中、差评				
7	按照实训步骤，将过程截图，整理成文档提交				
合计					

任务 2   掌握网络客服售中工作技能

 任务分析

客服除了售前和售后岗位外，很多企业还设置了售中客服。售中客服是指在买家付款后到买家收货确认前的过程中为顾客提供服务的客服人员。售中客服主要工作是查件和处理问题订单，包括回答客户包裹去向，处理超时派送、超区派送、半途更改地址、包裹丢失等问题。

情境引入

服务质量直接决定了顾客满意度，网店要站在顾客立场来思考服务方式，不断提高为顾客服务的能力，提升顾客满意度。同时，也只有不断创新的服务才能真正体现店铺自身的经营特色，提高市场竞争力。本任务将带领大家学习如何做一名出色的网店售中客服。

分任务1　熟悉网络客服售中职责

售中客服的主要职责是提高顾客的满意度，通常售中客服的工作内容有以下几点：核对订单信息、了解物流信息和做好物流跟踪（有特殊情况提前和顾客说明，物流问题及时做好桥梁沟通）。售中客服工作流程如图2-31所示。

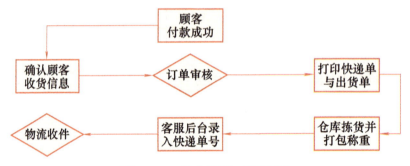

图2-31　售中客服工作流程

客户满意度（Consumer Satisfaction），也叫客户满意指数，是一个相对的概念，指的是客户期望值与客户体验的匹配程度（见图2-32）。换言之，就是客户通过对一种产品可感知的效果与其期望值相比较后得出的指数。

> 超出期望：感知的服务＞预期的服务
> 满足期望：感知的服务＝预期的服务
> 低于期望：感知的服务＜预期的服务

图2-32　客户满意度

店铺进行客户满意度研究，旨在通过连续性的定量分析，量化服务水平，明确服务优势和不足，为服务改进提供方向，从而提升服务竞争力。满意度的影响作用如图 2-33 所示。

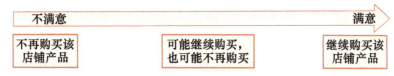

图 2-33　满意度的影响作用

　　网店经营中主要的客户期望包括：商品的外观、质量符合期望，物流的速度、服务符合期望，特殊需求的满足（比如小礼物、生日卡片的赠送及发票的开具等），需要安装的产品有视频教程或者上门服务，遇到商品损坏或者其他情况时通过售后可以得到妥善解决。其中第一点是售前客服的职责，售前客服必须了解商品知识，给予顾客最专业的解答。而售中客服的职责就是从物流的速度、特殊需求的满足、协助顾客更好地使用产品等方面来提升满意度。本任务将从这几个方面来阐述售中客服该如何做好这三个部分的工作。

分任务 2　掌握核对订单信息的技巧

　　顾客成功下单后，客服认真核对订单中各项文字、数字信息是售中客服服务流程中的一个不可缺少的工作节点。

一、认识核对订单的重要性

　　认真完成核单这一工作流程可以有效地降低订单差错率和商品退换率，还可以有效地提高客户体验度。通常情况下，询单后下单的消费者在询单过程中就针对商品细节、价格、物流、商家服务等进行了了解，此后下单时，客服人员会通过标准话术对生成的订单详情进行描述并与消费者再次确认，提醒消费者再次核对订单及相关服务，降低错拍、多拍或少拍的可能性，减少因自身失误而造成不必要的时间和金钱上的损失。

二、掌握核对订单信息的 3 个流程

　　核对订单包含的各项信息需要有固定的流程，方便让消费者在短时间内确认是否有误。订单需要核对的内容按照重要程度依次为收货地址、商品信息和备注。

1. 核对收货地址

　　核对地址是核对订单信息中最重要的一个部分，地址有误将直接影响顾客收

货时间；其次是核对收货人的手机号码，手机号码是商家和物流联系消费者最直接、最有效的沟通渠道。

目前，在客人付款后，商家可以直接在千牛平台上使用核对收货地址的功能，操作如下。

步骤一：打开已经完成下单的旺旺聊天窗口，未付款和已付款的均可。之后单击此窗口右上角的【订单】选项卡，再单击【地址】按钮，如图2-34所示。

步骤二：单击【地址】按钮后，会弹出一个选项框，单击右下角【发送地址】按钮，即可直接把地址发送到聊天窗口中，如图2-35所示。

图2-34　选择订单

图2-35　发送地址

步骤三：此时在聊天窗口中可以看到该下单顾客的收货地址信息，同时处于可编辑状态，编辑好后单击【发送】按钮即可，如图2-36所示。

图2-36　编辑地址并发送给顾客

2．核对商品信息

商品信息的核对可以降低消费者错拍、多拍或少拍的概率。消费者拍下的订单中，完整的商品信息结构应为：商品名称＋商品属性（颜色、尺码、规格等）＋商品数量。尤其是购买了多件同一种商品的订单和大额订单，客服更应认真地与顾客核对商品订单以降低差错率和退换率。

3．核对备注

除需对收货地址、商品信息进行核对外，如果遇到顾客对交易有特殊要求的，还需要和顾客进行进一步的确认，如包装要求、快递时效要求、物流公司的选择、发票的开具等。与顾客进行的所有聊天记录都属于书面约定，对特殊要求的再次确认可以避免一些不必要的差错。例如，如果顾客需要开具发票，客服可以与其确认以下信息：发票抬头、金额以及发票的种类等。

三、掌握 2 种特殊订单处理的技巧

1．缺货订单处理

缺货是指库存无货可售卖，缺货订单的产生对于客服而言是较为严重的过失。根据淘宝的规定，订单超过 72 小时或者约定时间内未发货，顾客可以投诉卖家。所以客服一定要定期检查库存，不足的货品及时补货或者下架，尽可能避免订单缺货的情况发生。

如果出现了缺货订单，客服一定要在第一时间与顾客取得联系，协商解决办法。常见的解决方式有以下几种：退款；说明多少天后会补货，并请求顾客谅解（可以补偿小礼物）；推荐其他同类的款式，询问顾客是否能够换货。

客服人员在解决这类问题的时候无论是说话的语气还是解决办法上都要以顾客为主，绝对不能强硬地解决此类问题。如果处理不当很可能会遭到顾客投诉，最终影响店铺的排名，将给店铺带来更大的损失。

2．紧急订单处理

在客户处理的各类订单中，有几类订单属于紧急处理类别，需要第一时间进行处理，包括错单、礼物单、投诉单等。

（1）错单。错单主要包括以下两种情况：①顾客填错了收货地址和信息，没有第一时间告知卖家，而卖家在处理订单准备发货时才得知信息是错误的；②卖家错误地填写了运单号或者发错了商品。错单的影响是十分严重的，不仅会损害买卖双方的利益，还会引起顾客的不满，所以要及时处理。

遇到第一种情况，卖家首先要帮助买家修改收货地址。打开已经下单的顾客的旺旺聊天窗口，选择【订单】选项卡，单击【地址】按钮，在弹出的对话框中单击【修改】按钮，如图2-37所示。之后在出现的收货地址编辑框内修改收货人、地址、街道地址、电话等有误的内容。修改完成后单击【保存】，如图2-38所示。

图2-37　选择【订单】选项卡

图2-38　修改地址

（2）礼物单。礼物单是指赠送的礼物以一个单独的商品链接让顾客拍下的订单，礼物单既可以提高客户的购物满意度，也可以提高店铺的月销量。但是，礼物单同样需要经过下单、付款、物流配送等流程，如果出现问题顾客依然可以进行投诉，这对于店铺来说就是因小失大了。因此，遇到这种订单客服要及时处理，紧跟各个流程环节，做到零失误。

（3）投诉单。客服人员遇到投诉单一定要迅速解决，第一时间与买家取得联系并进行沟通，以期消除影响。首先，要分析顾客投诉原因，确定是产品质量问题、客服态度问题、优惠未兑现还是物流配送等问题。其次，在引导顾客说出投诉点时，要先安抚顾客情绪，不能与顾客争辩；沟通过程中要始终保持耐心，注意倾听，多使用礼貌用语，然后再着力解决顾客问题。最后，如果确定是卖家的责任，要主动承担责任，及时道歉，必要时可以给出补偿措施。

分任务3 掌握打单发货的技巧

订单经过确认以后，将会进入打印快递单以及包装发货的环节。由于每个网店的情况不同，适用的快递单打印软件和发货时间也有所不同。

一、掌握打印快递单的方法

打印快递单是发货过程中一个很重要的环节，是每个售中客服都要掌握的技能，打印快递单的流程如下。

步骤一：单击【千牛卖家中心】→【店铺服务】→【我订购的应用】，进入服务市场首页，如图2-39所示。

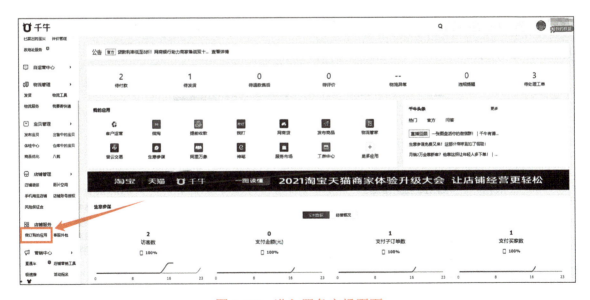

图2-39 进入服务市场页面

步骤二：在服务市场页面的搜索框中输入需要的应用类型，即"快递单打印"，如图2-40所示。

图 2-40　搜索软件

　　步骤三：选择一个合适的快递单打印软件，以"我打"为例，选择【立即购买】，如图 2-41 所示。

　　步骤四：购买完成后，打开"我打"软件进入主页，单击【开始打印发货】，如图 2-42 所示。

图 2-41　购买软件

图 2-42　开始打印发货

步骤五：选择快递单模板，如"圆通"，之后勾选要打印的订单，单击【打印快递单】按钮，完成快递单打印，如图 2-43 所示。

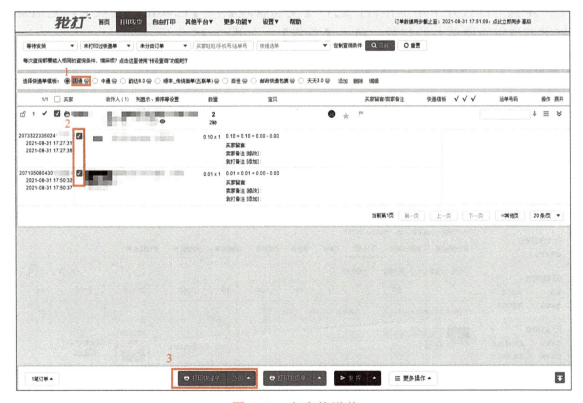

图 2-43　打印快递单

步骤六：快递单打印完成后，在弹出的对话框中单击【发货】即可，如图 2-44 所示。

图 2-44　确认发货

二、掌握填写快递单号的流程

打单发货后，客服人员还需要在店铺后台填写快递单号，其流程如下。

步骤一：打开千牛工作台，选择【交易管理】→【已卖出的宝贝】，之后选择需要填写快递单号的订单，单击【发货】，如图 2-45 所示。

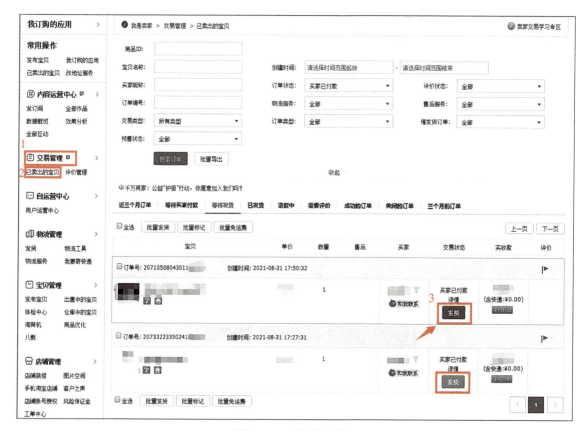

图 2-45　选择订单

步骤二：在弹出的界面中，选择【自己联系物流】，之后按照要求填写快递单号信息，完成快递单号填写操作，如图 2-46 所示。

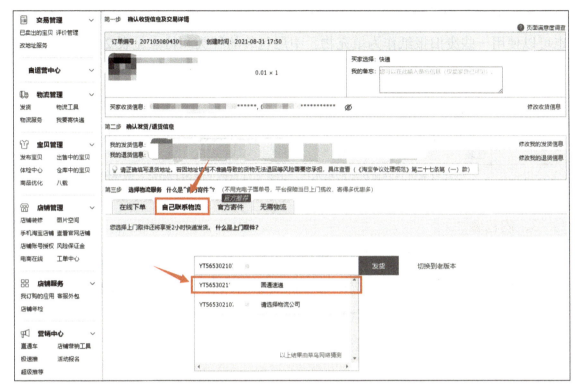

图 2-46　快递单号填写完成

三、掌握商品包装技巧

在网店交易中，顾客购买的商品需要通过快递公司的运送才能够到达顾客手中，货物在路途中有可能因为碰撞、拉扯而造成损坏，因此，为了防止运输过程中的磨损，商品在运送前需要进行多层包装。

1. 外包装

外包装是指商品最外边一层包装，也称运输包装。常见的外包装有快递袋、纸箱等，其特点见表 2-3。

表 2-3　外包装的种类和特点

类别	特点
快递袋	快递袋一般用于包装服装类商品，其优点是轻便且成本低廉，缺点是适用性比较窄，对很多类目的商品不能起到很好的保护作用，只适合用来包装一些耐压耐摔的商品
纸箱	纸箱是应用最为普遍的一种包装，其优点是安全性强，可以有效地保护商品，并可以通过填充塑料泡沫或报纸来增加缓冲；缺点是增加了货物的重量，使运输成本增加

2．中层包装

中层包装是指产品与外包装之间的空隙填充物。常见的中层包装有气泡膜、珍珠棉、海绵和泡沫块等，这些都是比较正规的填充物，有时为了简易、方便，也可以使用一些废旧报纸作为填充物。中层包装的种类和特点见表2-4。

表2-4　中层包装的种类和特点

类别	特点
气泡膜	价格低、重量轻，可以较好地防止挤压，对商品的保护性相对较强
珍珠棉、海绵	防刮、防潮、防震、环保，具有很好的抗化学性，适合作为高档易碎品及各种日用品的包装
其他填充物	一些比较廉价且容易获取的填充物，主要通过占据空隙起到防滑、防震的作用，如泡沫和报纸等

3．内包装

内包装又称销售包装，其作用和功能主要包括：保护商品、便于宣传和美化商品、便于携带和使用等。若商品出厂没有自带内包装，可以选择OPP和PE两种材料的自封袋，其特点见表2-5。

表2-5　内包装的种类和特点

类别	特点
OPP自封袋	透明度高，包装后平整有型，使用方便，有助于保持商品的清洁，适用于服装、食品、化妆品等商品
PE自封袋	材质柔软，韧性较好，不易破损，通过骨条可手动封口，可用于服装、箱包、电子产品的包装

分任务4　掌握订单跟踪的技巧

订单跟踪是指客服在将商品打包交给快递公司之后，对订单进行跟踪与查询，以确保商品按时、完好地送达。

一、熟悉查看订单物流的方法

售中客服的工作不仅是要将快递寄出，还要及时地跟踪快递信息。客服可以根据淘宝后台所更新的物流信息进行查询，也可以进入各快递公司官网，输入快递单号进行查询。通过千牛工作台查看订单的物流信息的流程如下。

步骤一：打开旺旺聊天窗口，进入"订单"界面，单击【查物流】按钮，如图2-47所示。

步骤二：在弹出的信息框中可以查看当前订单的物流情况，如图2-48所示。

图 2-47　查物流　　　　　　　　　　图 2-48　查看订单物流

二、掌握签收提醒的技巧

当快递在派件途中时，淘宝会提示买家和卖家商品正在派件，当客服收到信息后，可以通过阿里旺旺或短信及时向顾客反馈包裹的配送进度，并提醒顾客注意签收，这样能够让顾客接收到店铺的细心服务，提升顾客的购物体验，从而获得顾客的好评。签收提醒的参考话术如下：

"亲，您在××店铺购买的商品，快递小哥正以飞快的速度为您派件。在收到包裹后请您仔细查看商品，确保商品的完整性之后再进行签收。若您收到的商品有任何问题，请立即与在线客服联系，欢迎您的下次光临。"

客服通过查询订单物流信息，在确认顾客已经签收商品之后，同样可以通过阿里旺旺或以短信的形式对顾客的光临表示感谢，并以优惠券、礼品等形式希望顾客给予好评。确认收货后的好评提醒参考话术如下：

"亲，您购买的商品已显示签收，若满意请给五分好评吧！将好评截图发给客服还可获赠 10 元无门槛优惠券哦！如果对商品和物流有任何意见和建议请先联系我们，感谢您的支持！"

技能演练

请同学们仔细查看二维码中的操作步骤并进行模拟练习，掌握核对订单信息的技巧。

核对订单
信息的技巧

考核评价

考核评价表

序号	评价内容	得分（共 100 分）			综合得分
		自评 （20 分）	组评 （30 分）	师评 （50 分）	
1	掌握核对地址				
2	掌握核对商品信息				
3	掌握核对备注				
4	按照实训步骤，将过程截图，整理或文档提交				
	合计				

任务 3　掌握网络客服售后工作技能

任务分析

售后服务是整个商品销售过程中最后一个重要环节，从销售的角度来看，售后服务和商品的品质、店铺信誉一样重要，优质的售后服务会给顾客带来良好的购物体验，从而获得顾客的信赖，提升顾客的满意度和忠诚度。

 **情境引入**

售后问题对于商家和客服来说一般都比较棘手，不容易处理。本任务将带领大家学习如何灵活处理售后问题，通过售后的优质服务提高店铺的 DSR 评分，从而提高顾客的满意度，提升店铺品牌形象和回购率。

分任务 1　熟悉网络客服售后职责

在传统的线下门店，消费者可以通过看、摸、闻等亲自感受商品实物，如服装、鞋帽、护肤品等商品还可以先试穿、试用后再进行购买，大大降低了售后退货的可能性。而线上客服因为消费者的购买行为是在没有感受到实物的前提相比之下线上购物的售后问题就相对较多了，所以在线客服不仅仅要完成销售，还要处理众多因素引起的售后问题。

本任务将详细讲解售后客服该如何处理销售纠纷、降低纠纷率的相关知识。

一、认识纠纷退款率

纠纷退款率是指买卖双方未自行协商达成协议，而由淘宝人工客服介入且判定为支持买家及维权成立（即由淘宝客服操作退款）的维权笔数总和。

纠纷退款率 =30 天内纠纷退款笔数 ÷ 支付宝成交笔数（支付宝成交笔数 = 淘宝交易子订单数）×100%。

纠纷退款率是衡量店铺服务质量高低的重要指标之一。首先，买家进入店铺后，可将店铺近 30 天的纠纷数据和行业均值进行对比（见图 2-49），从而了解店铺的服务水平。因此，纠纷退款率是买家选择店铺的一个参考。其次，纠纷退款率还会对店铺经营产生影响。例如较高的纠纷退款率会降低店铺和商品的排名，从而影响被搜索率；一些营销活动也会对店铺的纠纷退款率进行限制，从而影响商品的发布。

图 2-49　纠纷数据

二、掌握处理纠纷的技巧

1．了解顾客投诉的原因

当有顾客进行投诉时，首先要分析清楚顾客投诉的原因，然后根据实际情况给出处理意见。顾客投诉的原因一般有以下几种。

（1）产品质量问题。产品质量是引起投诉最常见的因素，如产品无法发挥原有功能、与产品说明不符、使用说明不清等。

（2）客服服务态度问题。顾客不仅注重质量，还看中商家的服务态度。买卖双方均在线上进行交流，相比于服务的内容，客服的态度显得更加重要。如售前客服未能及时回复、态度恶劣以及未能解决顾客的疑问，售后客服在商品出现问题时推诿责任、拒绝退换货等。

（3）物流问题。在网络购物中，物流的问题也不容忽视，顾客的投诉点集中在未按时发货、物流运输速度慢、包装损坏等方面。

（4）服务承诺未履行。如约定的礼品、优惠、赔偿等不予兑现，无理由退换货的承诺不予兑现等。

2．处理投诉的一般步骤

（1）主动联系顾客。当投诉产生后卖家要主动与顾客取得联系，表现出关切的态度，为之后的沟通做好铺垫。

（2）安抚顾客情绪。顾客进行了投诉说明对商品或服务不满意，因此肯定会有些情绪。客服在与顾客沟通过程中，首先要安抚顾客的情绪，换位思考，态度诚恳，待顾客情绪缓和再进行解释。

（3）提出解决方案，解决问题。

（4）问题解决后，提醒顾客撤销投诉。

分任务 2　掌握退换货的处理技巧

为帮助买家尽快解决退换货问题，减少交易纠纷，退换货时卖家应熟知以下规定。

一、提供退换货地址

买卖双方达成退货或换货协议，或淘宝做出退货退款的处理后，卖家应该在收到淘宝处理结果后的 24 小时内或者与买家约定的时间内提供退换货地址。如果逾期未提供退换货地址的，以淘宝系统内的默认退换货地址为准。

如果由于卖家提供退换货地址错误而导致买家无法退货，进而申请淘宝介入的，交易可能会因为卖家违反退换货规范而判定卖家责任，由卖家承担因此产生的费用。淘宝卖家地址库如图 2-50 所示。

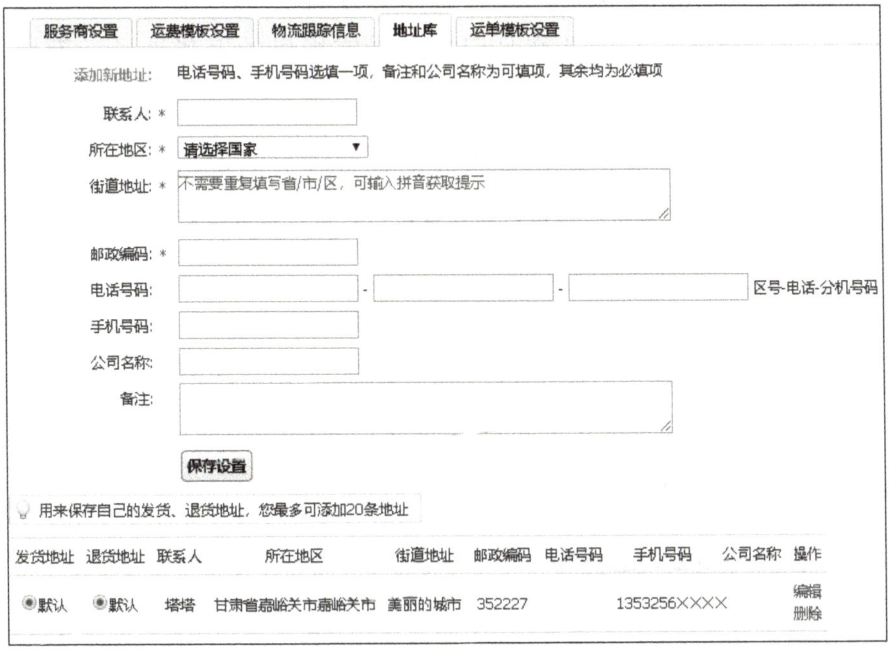

图 2-50　淘宝卖家地址库

买家根据淘宝规则进行退换货时，应当使用与卖家发货时相同的运输方式发货。除非得到卖家的同意，买家不能使用到付方式支付运费。买家退货后卖家有收货的义务。

二、了解退换货问题的处理原则

如果卖家未在规定时间内提供退换货地址，或者提供的地址错误而导致买家无法退货或退回商品后无法送达的，交易做退款处理，退货运费由卖家承担。如卖家需要取回商品的，应当与买家另行协商或通过其他途径解决，淘宝不予处理。

买卖双方达成退货退款协议或淘宝做出退货退款处理的交易，商品退回至卖家提供的退货地址后，淘宝有权退款给买家。

买卖双方达成换货协议的交易，如卖家收到买家退回的商品后未再次发货，淘宝有权退款给买家。

如果是跨境交易且最终确定为退货退款处理的，若由于卖家的原因导致买家无法退货，则交易做退款不退货处理。

如果买家表示卖家提供的退货地址是错误的，淘宝有权根据退货地址相关信息进行核实，并进行判定。

如果卖家表示未收到退货，淘宝将要求买家提供相关证明（如快递发货单、签收底单等）进行核实；若确认商品已退回卖家提供的退货地址，而卖家依旧未收到的，卖家自行联系物流公司处理。

如果卖家对退货有疑义，拒绝签收商品或签收后对退货商品本身有疑义的，卖家需提供相关证明（如物流公司公章证明）证实，以便淘宝处理。

分任务 3　掌握中差评处理技巧

淘宝的评价体系包括"信用评价"和"店铺评分"两部分，买家通过观察店铺的信誉等级和评分可以知悉卖家的经营情况，使得网购更加公开、透明、安全、放心，既保障了买家的利益，又能督促卖家诚信交易。

一、认识店铺信誉等级

淘宝网会员在淘宝个人交易平台使用支付宝服务成功完成每一笔交易后，买卖双方均有权对对方交易的情况作一个评价，这个评价称之为信用评价。

以卖家的信用评价为例，买家可以针对订单中的每种商品进行好、中、差评，每种评价对应一个积分。评价积分的计算方法具体为："好评"加一分，"中评"零分，"差评"扣一分。这些评价累积在一起，称之为评价积分，对会员的评价积分进行累积，并在淘宝网上进行评价积分显示，就形成了卖家的信用度，即店铺信誉等级，如图 2-51 所示。

所积分数	等级图标	信誉等级
4分~10分	❤	一星
11分~40分	❤❤	二星
41分~90分	❤❤❤	三星
91分~150分	❤❤❤❤	四星
151分~250分	❤❤❤❤❤	五星
251分~500分	♦	一钻
500~1000分	♦♦	二钻
1001分~2000分	♦♦♦	三钻
2001分~5000分	♦♦♦♦	四钻
5001分~10000分	♦♦♦♦♦	五钻
10001分~20000分	♛	一皇冠
20001分~50000分	♛♛	二皇冠
50001分~100000分	♛♛♛	三皇冠
100001分~200000分	♛♛♛♛	四皇冠
200001分~500000分	♛♛♛♛♛	五皇冠
500001分~1000000分	♚	一金冠
1000001分~2000000分	♚♚	二金冠
2000001分~5000000分	♚♚♚	三金冠
500001分~10000000分	♚♚♚♚	四金冠
10000001分以上	♚♚♚♚♚	五金冠

图 2-51 店铺信誉等级

二、认识店铺动态评分

店铺动态评分，即 DSR 评分（Detailed Seller Ratings），是指连续 6 个月内在淘宝网同一店铺交易成功的所有买家（仅限使用支付宝进行支付的买家），对交易的卖家在宝贝与描述相符、卖家的服务态度和物流服务的质量三项内容上的评分的算数平均值（每天计算近 6 个月之内的数据）。由此可见，店铺的 DSR 评分是动态的且每天都在变动。

DSR 评分由淘宝网进行统计，并且会与同行业平均水平进行对比，高于同行业平均值显示为红色，低于同行业平均值显示为绿色，如图 2-52 所示。

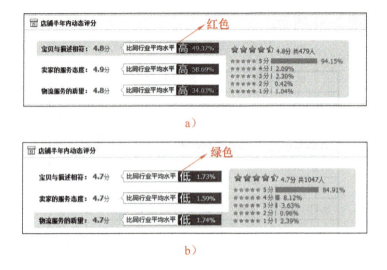

图 2-52　店铺的 DSR 评分

1. DSR 评分对店铺的重要性

（1）影响搜索排名。DSR 评分对商品的搜索影响微乎其微，但是对商品的搜索排名影响很大。评分越低，商品排名越靠后，买家越不容易看到和选择该商品，商品引流能力变低，从而直接影响店铺的销量，进而影响到店铺的排名。

（2）影响转化率。DSR 评分反映了商品的实物描述、卖家服务和物流服务情况，属于店铺的综合评分，DSR 评分较低可能会引起买家对于商品质量和店铺服务的质疑，买家可能会因此放弃购买，也就降低了店铺的转化率。

（3）参加淘宝促销活动受限。淘宝日常活动、大促活动、天天特价活动及年货节等活动的参与都会有严格的 DSR 评分限制，促销活动可以提升店铺和商品的曝光率、积累老客户、提升新品销量等。若店铺 DSR 评分偏低，会直接影响到促销活动的报名和审核。

（4）影响店铺金牌卖家打标。金牌卖家是淘宝对于卖家的一种评价，若店铺在 DSR 评分、商品成交量、服务等方面均高于行业平均水平，那么淘宝会给店铺打上"金牌卖家"的标签，也称为打标。很多买家越来越青睐去金牌卖家购买商品，金牌卖家的服务态度、购物体验、售后体验、商品性价比等普遍高于行业平均水平。DSR 评分则是考核店铺能否成为金牌卖家的一个重要因素。

2. 如何提高店铺 DSR 评分

DSR 评分是影响店铺权重的重要指标，不仅直接影响了自然流量的多少，而且还影响了转化率的高低，对于店铺的长期经营和发展至关重要。DSR 评分直接由宝贝与描述相符、卖家的服务态度、物流服务的质量三个因素决定（见图 2-53），因此，想要提高店铺 DSR 评分也要从这三个方面入手。

图 2-53　DSR 评分的影响因素

（1）产品描述真实、清楚、客观。首先保证实物与图片描述相符，不夸大和过度美化产品，才能更好地控制退货退款率、好评率和评价内容；其次要标注清楚产品的各项数值，如尺寸、颜色、容量等，并在详情页中注明"由于光线等原因，实物和图片会有轻微差距"。在保证产品货真价实的前提下，产品描述要做到既能突出产品特性与优点，又不能夸大其词。

（2）卖家服务态度积极、热情、亲切。对于店铺来说，客服的服务态度决定了客户对店铺的印象。用积极向上的态度和情绪接待客户、解答客户的疑问，例如客户问"你好，在吗？"客服要积极地回复："在的亲，请问有什么可以帮到您的？"这样的回答可以让客户体会到客服的热情和贴心，同时可以多使用微笑、开心等正向反馈的表情。

（3）发货速度要提高。在物流服务方面，要积极提高发货速度，消费者付款后及时填写物流单号，并提醒客户已经发货。在快递公司的选择上，可以先进行对比测试，再选择一两家配送速度较快、服务质量较高的快递公司进行合作，同时最好在详情页中标明快递到货时间。

三、掌握中差评处理的方法

1. 确认中差评的原因

在销售过程中,卖家都会遇到中差评的问题。中差评不但会影响产品的转化率,还会直接影响店铺的口碑,甚至会影响品牌形象。一般来说,导致中差评的原因主要有以下几种:

(1) 关于产品的问题。买家收到的产品有质量问题或是有瑕疵而导致的中差评,这种情况占中差评总数的大部分。

(2) 买家主观感受问题。买家收货后觉得尺码不标准、价格过高、不喜欢或未能达到心理预期而导致的中差评。

(3) 店铺服务相关问题。售前售后态度反差大、回复不及时、退货退款无法达成共识而产生纠纷、出现问题客服不予处理等店铺服务原因导致的中差评。

(4) 恶意中差评。买家、同行竞争者或者职业差评师为谋取额外财物或其他不当利益而给出的中差评。

2. 中差评处理方法

(1) 因为产品问题而导致的中差评。卖家要第一时间联系买家核实产品的具体问题,根据问题的种类和轻重程度以及买家的意向,给买家退换货或者进行部分退款补偿。问题解决后,再引导买家修改评价。由产品问题引起的中差评,待问题解决后,买家一般也会对店铺服务的好感度有所提升,通常会同意修改中差评。

(2) 因为买家主观感受而导致的中差评。这种情况一般是因为买家收到产品后感觉未达到心理预期效果、不满意。这时卖家可以联系买家并提出补偿,如用可以直接抵现的店铺优惠券、店铺红包或是赠送礼品来弥补买家的心理落差,并引导买家修改中差评。

(3) 因为店铺服务而导致的中差评。卖家首先要确定是由于快递服务还是店铺客服而造成的中差评,若是快递原因,卖家一定要对买家表示歉意,并及时与合作快递公司对接,采取相应措施消除买家不满情绪;若是客服原因,要第一时间向买家致歉,请买家谅解,并及时针对客服问题进行改进。不管是快递原因还是客服原因,都要确保以后类似的问题不再发生,最好是给买家适当的补偿,如赠送优惠券或者承诺下次购物免邮费等，来平息买家的不满，进而同意修改中差评。

（4）恶意中差评。对于这种情况，买家在处理时一定注意收集和保留相关证据，如聊天记录、转账记录等，然后向淘宝申诉维权，删除相关中差评。

3．处理中差评时的注意事项

客服在与买家沟通前需要先查看双方之前的聊天记录以及买家的评价内容，对差评原因及买家的性格有一个大概的了解，再据此采用适当的、买家易于接受的态度和方式进行沟通，选择对应的解决方式。买家如果答应修改，客服还要及时跟进保证时效性。同时要避免和反应过激的买家发生言语冲突，客服要学会倾听和换位思考，诚恳解释、耐心沟通。

当遇到中差评无法删除或修改时，卖家需要对中差评进行回复解释。对中差评进行回复解释时需要注意，要根据中差评的原因有针对性地进行回复和解释。尽可能让之后看到该条评价的其他买家消除顾虑，避免中差评影响到产品的转化率。中差评的回复解释示例如图2-54所示。

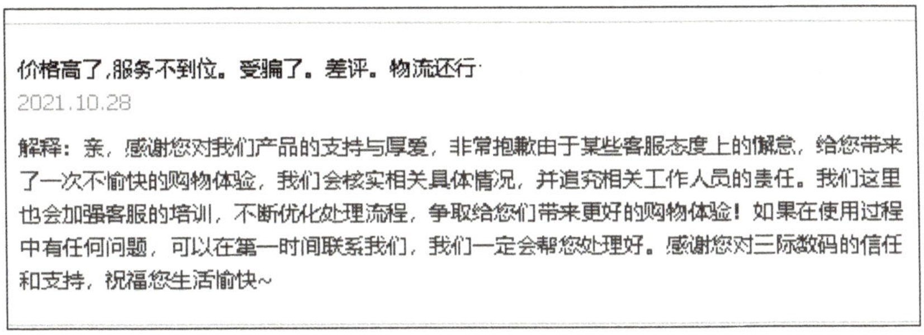

价格高了,服务不到位。受骗了。差评。物流还行.
2021.10.28

解释：亲，感谢您对我们产品的支持与厚爱，非常抱歉由于某些客服态度上的懈怠，给您带来了一次不愉快的购物体验，我们会核实相关具体情况，并追究相关工作人员的责任。我们这里也会加强客服的培训，不断优化处理流程，争取给您们带来更好的购物体验！如果在使用过程中有任何问题，可以在第一时间联系我们，我们一定会帮您处理好。感谢您对三际数码的信任和支持，祝福您生活愉快~

图2-54　中差评的回复解释示例

分任务4　掌握纠纷处理技巧

投诉维权是每个店铺都会遇到的事情，相较于普通的退款退货而言，处理起来更加麻烦。若处理不当，可能会导致店铺违规扣分以及其他处罚；但是如果处理得当，反而可能会拉进消费者和店铺的关系，甚至消费者可能会成为店铺的忠实粉丝。

当消费者发起投诉后，店铺会收到千牛发出的系统消息，通知店铺已被投诉，要尽快查看投诉原因。

一、熟悉消费者发起投诉的 5 种情况

消费者发起投诉一般是由以下 5 种情况引起的。

1. 邮费争议

当消费者与商家协商运费发生争议的时候，消费者可能会发起邮费争议的投诉。例如，商品出现质量问题，消费者垫付了运费，商家收到退货后却没有及时给消费者返还运费，因此产生投诉。

2. 延迟发货

当商家未按约定时间发货（48 小时内未发货）或者以各种理由延迟发货的，消费者可以发起延迟发货的投诉。若投诉成立，按照被投诉的这笔交易商品的实付金额（不包括邮费）的 30% 对消费者赔付，最高不超过 5 000 元。需要注意的是，商家的发货时间是以快递公司系统内记录的时间为准，而不是以商家在网络上的填单时间为准的。

存在以下情形的，淘宝不强制支持赔付，由买卖双方自行协商确定：①滥用延迟发货规则发起赔付申请的；②经新闻媒体曝光、国家行政管理部门通报或经淘宝排查发现，商品本身或信息涉嫌违法违规的，为保障消费者权益，淘宝要求商家立即停止发货的。

3. 未履行其他服务承诺

未履行其他服务承诺是指商家拒绝履行法定或约定的如实描述、赔付、退货、换货、维修、交付发票等义务或服务，而由消费者发起的投诉。

4. 恶意骚扰

恶意骚扰是指商家采取恶劣手段，通过电话、短信、阿里旺旺、邮件等方式频繁联系消费者而影响消费者正常生活的行为，或通过以上方式对消费者实施侮辱、恐吓的行为，都会引起消费者投诉。

5. 其他原因

除上述情况外，还有以下几种原因也会导致投诉。

（1）未收到货。订单已交易成功，但消费者没有收到货，消费者为了保障自己的权益发起投诉。针对这种情况，商家应及时联系消费者并查明原因，如果是

快递公司没有送货，应联系快递公司解决；如果是商家本身没有发货，而只是填写了快递单号，那就构成了虚假发货，消费者可以投诉并要求赔偿。

（2）商品问题。消费者收货后基于商品问题发起投诉。商家应尽快查明消费者投诉的原因，是缺货、破损、描述不符还是质量问题等。找到原因后主动联系消费者，并要求举证。商家应诚恳、耐心地与消费者进行协商，尽量让消费者得到满意的处理结果。

（3）协商无果。基于商品或服务问题（如商品真伪、赔付金额等），买卖双方协商不一致而导致消费者发起的投诉。此时，消费者有权要求淘宝人工客服介入处理。淘宝人工客服会在一定工作日内给出处理结果，双方按照处理结果执行。如果不满意处理结果，可以提出申诉。如果淘宝介入处理，该笔交易由维权交易变为纠纷交易，而纠纷交易对店铺的影响非常大（如扣分、降低搜索权重、限制发布商品等），所以商家要尽量避免淘宝的介入。

二、掌握消费者投诉后商家的处理技巧

面对消费者的投诉，商家必须态度积极，以负责任的心态来消除消费者的不满情绪。

1. 处理投诉的步骤

处理投诉的步骤如下：

第一步：主动联系消费者。

第二步：表明商家负责的态度，同时要求消费者提供证据。

第三步：安抚消费者的情绪，核实实际情况。

第四步：与消费者协商，提出解决方案。

第五步：解决问题后，提醒消费者撤销投诉。

2. 处理投诉的注意事项

在处理投诉过程中，与消费者的阿里旺旺聊天记录、千牛举证号、发货单、通话清单等都可以作为举证的证据材料。所以在平时与消费者沟通时，要尽量使用阿里旺旺，若出现纠纷，则可以作为证据进行提交。

另外在维权举证时，注意阐述的内容要有理有据，不要将主观揣测的消费者意图写在维权理由上，更不可以使用极端的带有诬蔑谩骂性质的词语攻击消费者。同

时，对于消费者投诉的问题，最好给出合理化的建议，展现出自己积极处理问题态度。

3．电话沟通处理投诉的步骤

与消费者协商沟通时，除了使用阿里旺旺以外，最常用的就是电话沟通。声音在传递过程中比文字显得更有真实性，因此有时电话沟通的效率更高，也更容易解决问题。

电话沟通处理投诉的具体步骤如下：

第一步：首先要自报家门，告知消费者自己所属的店铺。

第二步：说明来意，让消费者了解商家打电话的用意。

第三步：问询并认真倾听消费者不满的原因并及时给出回应，适时安抚消费者的情绪。

第四步：针对消费者的诉求提出解决方案。

第五步：等待消费者对提议的回应，如果消费者不满意可以再次提出解决方案，双方尽量协商。

第六步：通话结束前，再次表达歉意。

4．电话沟通处理投诉的技巧

电话沟通是最后的处理方式，所以在打电话前一定要慎重，若电话沟通不畅，那么双方可能会陷入僵局。打电话前需要针对投诉问题进行分析，拟定几套不同的解决方案，并明确自身能够承受的底线。同时，还要考虑消费者可能会提出的要求，打电话的人要有一定的决策权，对意外情况能当场做出决策。

另外，打电话的时机也很重要，不要在消费者情绪激动的时候打电话，错开消费者繁忙的时间段，等消费者心平气和的时候再沟通。但是也不能拖得太久，以免让消费者认为商家没有诚意解决问题。

打电话需要注意提升语言的感染力。作为客服，与消费者打电话沟通时也要面带微笑，让消费者感受到热情，同时注意语调语速，多用敬语。沟通结束后，要及时告知消费者处理的进度和结果，避免让消费者长时间等待。

技能演练

使用千牛进行订单评价

请同学们仔细查看二维码中的操作步骤并进行模拟练习，掌握使用千牛进行订单评价的操作流程。

考核评价

考核评价表

序号	评价内容	得分（共100分）			综合得分
		自评（20分）	组评（30分）	师评（50分）	
1	使用千牛工具进行一次订单评价				
2	按照实训步骤，将过程截图，整理成文档提交				
合计					

知识回顾

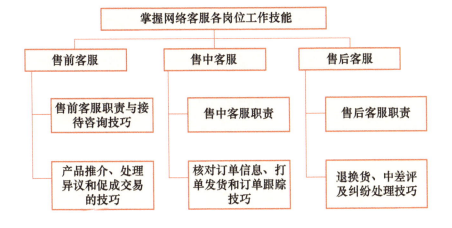

掌握网络客服各岗位工作技能

售前客服　售中客服　售后客服

售前客服职责与接待咨询技巧　售中客服职责　售后客服职责

产品推介、处理异议和促成交易的技巧　核对订单信息、打单发货和订单跟踪技巧　退换货、中差评及纠纷处理技巧

学生练习

1. 在催付的时间安排上也要合理。夜间的订单建议（　　）催付。

　　A. 两个小时内　　　　B. 次日 10 点以后　　C. 24 小时以后

2. 应对客户议价时，（　　）适用于价格较高的服装、保健品、护肤品等产品。

A．比较法 　　　　B．平均法 　　　　C．事实分析法

3．以下选项属于售中客服的工作范围的有（　　　）。

A．核对订单信息 　　B．了解物流信息 　　C．处理异议问题

4．以下选项属于影响询单转化率的主要因素的有（　　　）。

A．专业知识 　　　　B．信息掌握 　　　　C．销售技巧

5．纠纷退款率是衡量店铺服务质量好坏的重要指标之一。（　　　）

A．对 　　　　　　　B．错

6．如果是跨境交易且最终确定为退货退款处理的，若由于卖家的原因导致买家无法退货，则交易做退款不退货处理。（　　　）

A．对 　　　　　　　B．错

7．＿＿＿＿＿＿＿＿是指买卖双方未自行协商达成协议，而由淘宝人工客服介入且判定为支持买家及维权成立的维权笔数总和。

8．处理投诉的一般步骤包括：＿＿＿＿＿＿＿＿、＿＿＿＿＿＿＿＿、＿＿＿＿＿＿＿＿、＿＿＿＿＿＿＿＿、＿＿＿＿＿＿＿＿。

项目 3
熟知客户关系管理

客户关系管理对于网店来说就是客户价值管理,商家通过深入分析客户信息,完善服务机制,提升服务水平,满足客户的不同价值需求,提高客户的满意度与忠诚度,从而提高好评率和复购率,使客户价值最大化。与前端销售不同,客户关系管理以客户为中心。

项目内容

本项目主要讲解客户关系管理,帮助学生了解客户关系管理概念和学会使用客户关系管理工具,最终建立起适合商家自身的客户维护系统。

项目目标

- 理解客户关系管理的概念和重要性。
- 掌握客户分析方法和打标技巧,针对老顾客进行精准营销。
- 学会使用客户关系管理相关工具,帮助商家构建适合自身的客户维护系统。

任务　掌握客户关系管理技巧

任务分析

在电商行业竞争日益激烈的情况下，获取新客户的成本在逐渐上升，流量也日益分散，拓展新客户的难度越来越高。但对商家而言，老客户的购物过程更加简单，服务成本更低，对流量的影响也更大，所以做好客户关系管理，提升客户的忠诚度，对于商家来说是非常重要的一项工作。

情境引入

电商行业引流成本越来越高，即使投入了广告费用也不能保证能获取到预期中的客户数量。但是一些品牌如三只松鼠、阿芙精油等复购率依然能保持较高水平，除了产品本身外，其到位的客户关系管理工作也值得我们学习。本任务将详细介绍如何做好网店的客户关系管理工作以提升复购率与客户满意度。

分任务1　认识客户关系管理

客户关系管理是一个获取、保持和增加可获利客户的方法和过程，是一种创新的、以客户为中心的企业管理理论、商业理念和商业运作模式，也是一种以信息技术为手段，可以有效提高经营效益、客户满意度的具体软件和经营策略。

一、了解客户关系管理的概念

客户关系管理（CRM，Customer Relationship Management）是以提高客户的

满意度、忠诚度为目标，在以客户为中心的思想指导下所进行的系统性的活动，包括识别、挑选、获取、发展和保持客户的管理过程。客户关系管理的核心是客户价值管理，通过"一对一"的营销原则，满足不同价值客户的个性化需求，提高客户忠诚度和保有率，实现客户价值持续贡献，从而全面提升企业盈利能力。

客户关系管理不仅仅是一个软件或者一种制度，它是方法论、软件和网络信息技术能力的综合，是一种商业策略。

按照客户关系管理的理念，网店卖家需要了解买家的性别、年龄、收入状况、性格、偏好、家庭状况、购物时间、购买记录等信息，并进行统一的数据库管理，然后有针对性地进行关怀和营销。现在大多数网店还没有建立自己的客户关系管理系统，有的只是厚厚的发货单、记账单，买家信息杂乱，无法进行很好的维护。但是有一些大型的网店和 B2C 企业，已经建立起了完善的客户关系管理系统，极大地提升了买家的回头率，进而使得利润成倍增长。

对于网店而言，维护老客户和开发新客户同样重要，不过老客户如果在完成交易后的一段时间内没有及时维护，就很有可能流失。所以，客服在进行客户关系管理时还要考虑客户的生命周期。

二、认识客户生命周期

客户生命周期指企业与客户建立业务关系到完全终止关系的全过程，可分为获取、成长、成熟、衰退和流失等阶段。具体到不同的行业，对此有不同的定义，如在电商行业，所谓的客户生命周期，指的就是从买家在网店中产生订单消费开始，经过消费成长、消费稳定、消费下降，最后离网的过程。

在不同的生命周期上，客户关系表现出的特征也不同，而客户关系的阶段划分是研究客户生命周期的基础。据此，可以将网店客户生命周期划分为 5 个阶段。

（1）获取期。发现和吸引潜在客户，并通过有效渠道提供合适的价值定位以获取客户。

（2）成长期。通过刺激需求或客户关怀的方式把客户培养成高价值客户。

（3）成熟期。通过针对性营销和差异化服务让客户持续不断的购买产品，培养客户忠诚度。

（4）衰退期。建立高危客户预警机制，实施挽留举措，延长客户的生命周期。

（5）离网期。加大对客户的投入，重新恢复与客户的关系，进行客户关系的二次开发；或者不再投入，放弃该部分客户。

三、了解客户关系管理的重要性

对于一家网店来说，新客户和老客户的购物流程有所不同。店铺新客户购物的过程会更为复杂，顾虑比较多，需要查看产品样式、对比价格、查看买家评价等，然后经过咨询、寻求优惠、考虑售后服务过程等，最终才能成交。而在成交之后，如果某个环节服务不到位或者沟通不畅，会很容易产生纠纷，影响交易的进行。店铺新客户购物流程如图 3-1 所示。

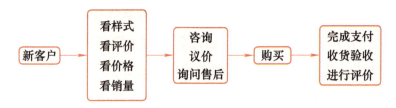

图 3-1　店铺新客户购物流程

相对于新客户，老客户的购物流程则更为简单，老客户对店铺的产品和服务一般都比较满意，再加上店铺针对老客户都有一定的优惠，所以他们更为关心的是产品样式和店铺活动，简单咨询或者不咨询就直接下单付款，收到货后的纠纷也比较少，好评率更高。店铺老客户购物流程如图 3-2 所示。

图 3-2　店铺老客户购物流程

所以，做好客户关系管理对一家网络店铺来说非常重要，对店铺发展有着积极的影响。

1. 提升店铺复购率

重复购买率简称复购率，指消费者对某品牌产品或者服务的重复购买次数。重复购买率越高，则反映出消费者对品牌的忠诚度更高。复购率是衡量买家对店铺产品信任度的重要指标，一家店铺的复购率越高，意味着店铺的产品质量和服务越好。客户关系管理以客户为中心，以满足客户个性化需求为使命，以客户关怀和针对性营销为手段，能在很大程度上吸引买家再次购买店铺产品。

2．提高店铺 DSR 评分

DSR 评分是买家在购物后对卖家做出的评价，评价越高，DSR 评分越高。而客户关系管理以提高客户满意度和忠诚度为目标，客户关系管理工作做到位，评价自然会随之提升。

3．提升店铺流量价值

新客户和老客户对店铺的价值不同，开发新客户意味着要投入大量的精力和成本。网店一般会通过直通车、钻展、聚划算或者其他活动来吸引流量，而这些流量的流失率也比较高，最终可能会导致付出了较高的引流成本，但却未获得相应的成交量。开发新客户的流程如图 3-3 所示。

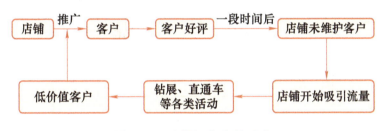

图 3-3　开发新客户的流程

相比之下，维护老客户的成本则比开发新客户要低得多，老客户在经第一次购物后对产品的质量和店铺的服务有了一定的认知，若店铺能在其产生需求时及时发布活动信息，老客户很有可能因为店铺的促销活动而再次下单，而且在很大概率上能通过其良好的口碑带来新的免费流量。此外，老客户的客单价一般也高于新客户，出于对店铺的信任，老客户的复购率更高，购买数量也会提高。维护老客户的流程如图 3-4 所示。

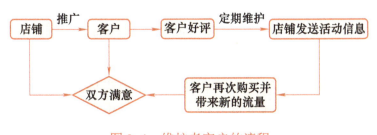

图 3-4　维护老客户的流程

分任务 2 掌握为客户打标的技巧

为客户打上标签在客户关系管理中是非常重要的一个环节，通过客户标签对客户进行分层，分析同类客户的购物需求，从而进行精准销售。

一、了解常规标签分类

商家经营类目不同，客户标签的分类也不相同，商家可以根据自己的类目特性做标签分类。一般来说，客户的外部属性标签有：地域、职业、购物喜好、消费层次、浏览习惯等；内部属性标签有：年龄、性别、性格、爱好、信仰、价值观等。母婴类目的客户标签分类见表 3-1。

表 3-1　母婴类目客户标签分类

标签类别	标签内容		
宝宝年龄	0～6 个月	6～12 个月	12 个月以上
购物习惯	尿不湿	奶粉	衣服
活动偏好	聚划算	双十一、双十二	品牌团、海抢购
触点偏好	短信	电话	阿里旺旺
购买时段偏好	工作日	周末	节假日

根据上述的标签分类，客服可以针对客户的类型进行打标。之后对细分标签用户群体进行针对性的营销关怀，效果要远超盲目批量关怀。例如商家在上新活动的预热阶段，可以向带有"喜欢上新"这一标签的客户发起客服关怀，那么在上新当天，销量可能会有明显的上升。

想要做到精准营销，还需要对客户进行细分，同样以母婴类目为例。对于母婴产品，客户群体主要是妈妈以及一些具有送礼属性标签的人群，这些客户又分为很多种：从年龄上可以分为 18～24 岁、25～34 岁、35～45 岁，从职业上可以分为全职妈妈、办公室人员、退休人员等。商家可以根据自身经营产品及目标人群的特点等详细划分客户标签。母婴产品客户标签细分如图 3-5 所示。

标签细分后，客服人员就可以根据细分标签进行精准推荐。例如，客服可以根据客户的购物习惯推测宝宝的年龄和使用量，每当店铺有活动或者新品时，就可以对这些客户推送活动促销信息。综上，商家可以根据这个思路给店铺内所有的类目做好标签分类，然后交给客服人员，让客服根据标签进行打标，这样在后期进行营销和关怀时就会更加精准、有效。

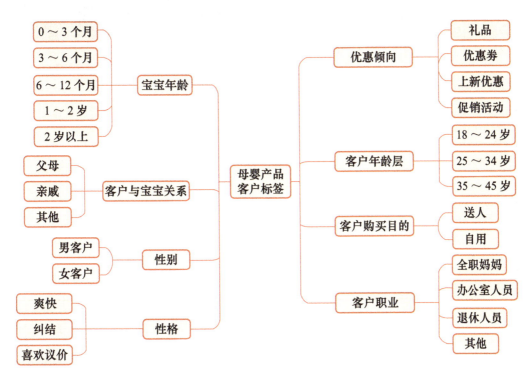

图 3-5　母婴产品客户标签细分

二、学会为千牛客户打标

为客户打标签是为了便于分辨客户，将具有类似属性的客户归为一类，以便未来针对同类客户推送促销活动信息。

客服在交易完成时，要收集、分析客户的信息并及时分类，在与客户沟通时，就可以通过千牛给客户简单地打上标签。通过千牛给客户打标的步骤如下。

步骤一：打开千牛工作台的接待中心，进入聊天界面，如图 3-6 所示。

步骤二：在聊天窗口右下方可以看到"客户标签"栏目。单击【创建新标签】，输入标签文字，再单击【保存】按钮，完成标签创建，如图 3-7 所示。

步骤三：当客服与客户沟通时，如果已经有设置好的标签属性，可以直接单击【已有标签】，选择对应的标签属性，再单击【确定】即可完成对该客户的打标工作，如图 3-8 所示。

步骤四：当客服完成打标工作后，在与该买家沟通时，就能快速判断出该顾客的特性并调整自己的沟通方式，如图 3-9 所示。

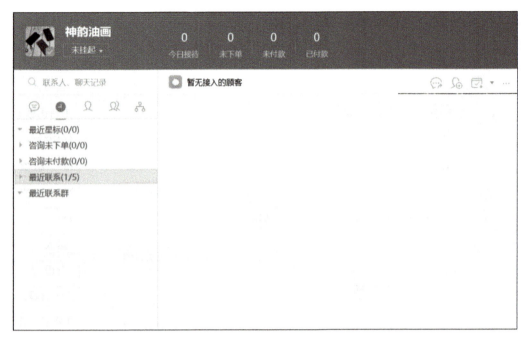

图 3-6　千牛聊天界面

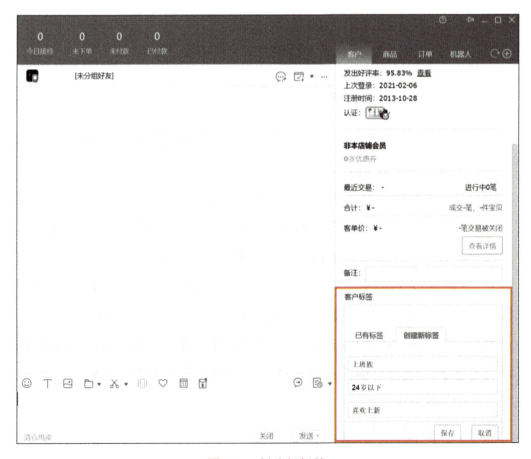

图 3-7　创建新标签

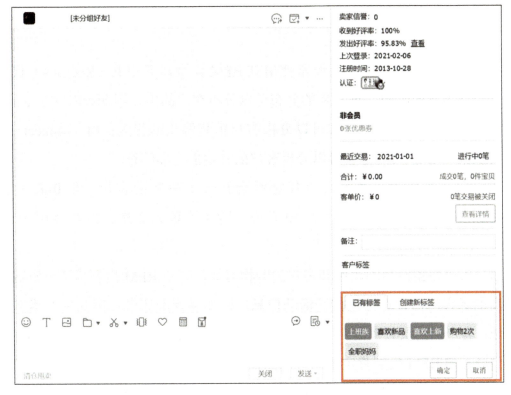

图 3-8　选择已有标签

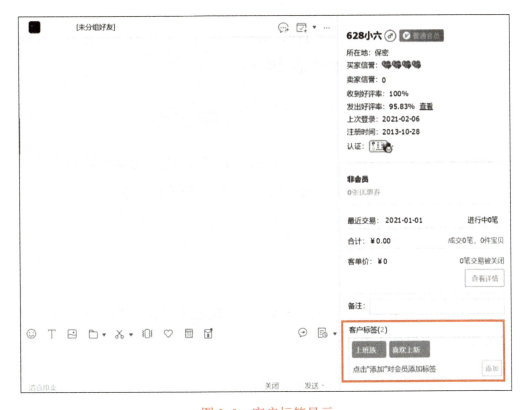

图 3-9　客户标签显示

三、熟悉 RFM 模型

在筛选目标客户时，商家经常使用到 RFM 模型，其中 R（Recency）代表客户最近一次消费的时间，通过 R 的分布可以分析客户的生命周期；F（Frequency）表示消费频率，通过 F 的分布可以分析客户重复购买的行为；M（Monetary）表示消费金额，通过 M 的分布可以分析客户的消费能力和特征。

通过这三个维度，商家可以任意组合筛选出所需的客户，如 $0<R \leqslant 30$、$1<F \leqslant 2$、$65 \leqslant M \leqslant 79$，即代表 30 天内、购买次数为 2 次、消费金额在 65 ～ 79 元之间的客户。

商家可以根据商品的属性和客户的购物习惯，利用 RFM 模型筛选出复购可能性最高的老客户，针对性地推送活动信息。比如零食类店铺，商品的种类多，客单价低，客户的购买频率高；而艺术品类店铺，商品的客单价高，但购买频率低。这两类商品的 RFM 模型肯定不同，商家需要根据自身实际情况具体分析。

客户是网店最宝贵的财富，从不同的角度对客户进行分析，有利于商家有针对性地进行营销和维护。作为商家，不能只关注客户的特征和属性，还要分析客户的满意度、忠诚度、购物行为习惯、流失原因等，掌握的信息越多，才能越了解客户，从而精准化营销自己的产品及服务。

分任务 3　学会使用客户关系管理工具

客户关系管理的核心是以客户为中心，为向客户提供更高质量的服务，需要使用到客户关系管理工具，如客户群组工具、客户关怀工具等。

一、学会使用客户群组工具

1. 千牛好友添加及分组设置

客服可以通过千牛将前来咨询、请求售后或潜在客户添加为好友并将其分组，这也是收集客户资源的主要方式，操作步骤如下。

步骤一：在聊天窗口上方单击【加为我的好友】，将客户添加为好友，如图 3-10 所示。

图 3-10　添加好友

步骤二：在弹出的"添加好友成功！"的对话框里可以设置显示名与分组，如图 3-11 所示。

图 3-11　设置显示名与分组

2．千牛群

千牛卖家工作台作为强大的交易工具，功能也十分的丰富，不仅可以添加好友，还能通过建群的方式管理客户资源。千牛群的启用与设置步骤如下。

步骤一：单击聊天窗口左侧的【群】，之后双击【立即双击启用群（1）】，如图 3-12 所示。

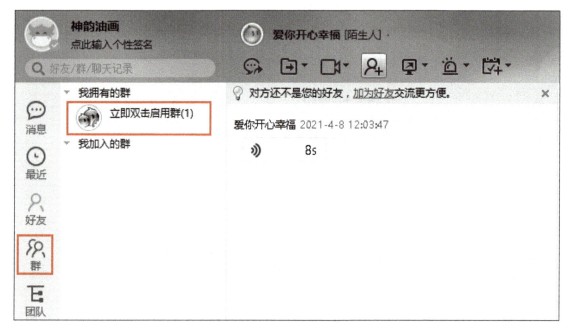

图 3-12　启用千牛群

步骤二：按照提示设置群名称、群分类等，同时根据需要选择身份验证的方式。设置完成后单击【提交】，如图 3-13 所示。

图 3-13　进行群设置

步骤三：系统提示已成功启用群，单击【完成】，此时群列表中即会显示该群；也可以单击【立即邀请成员加入】，邀请客户进群，如图 3-14 所示。

图 3-14 千牛群启用及设置完成

3．微信群

目前，很多店铺在发货包裹中都会放入自己的微信群二维码，邀请客户扫描入群，领取优惠券等。千牛群和微信群一样都是双向互动的沟通方式，但是微信群的灵活性更高，使用更加方便，很多商家会在微信群中定时发布任务或者红包来活跃成员，刺激客户的购买欲望。

4．网店客户运营平台

淘宝网店后台的客户运营平台也是网店运营中常用的客户关系管理工具，包括客户列表、客户分群、客户分析、功能选项。通过网店客户运营平台进行客户关系管理的步骤如下。

步骤一：通过浏览器进入淘宝卖家中心首页，如图 3-15 所示。

步骤二：在左侧导航栏中选择【营销中心】→【客户运营平台】，进入客户运营平台首页，如图 3-16 和图 3-17 所示。

步骤三：单击【客户列表】，可以查看成交客户、未成交客户以及询单客户的信息，同时可以批量对成交客户赠送优惠券和红包，如图 3-18 所示。

图 3-15 卖家中心首页

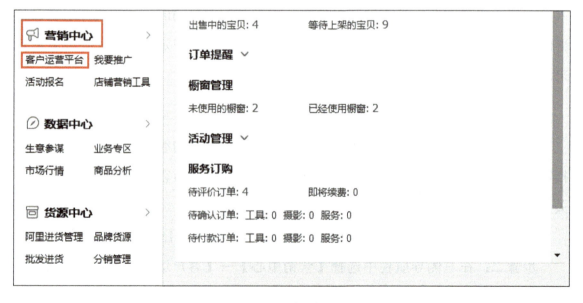

图 3-16 导航栏功能区

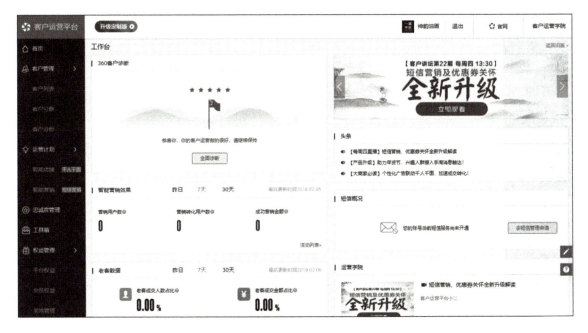

图 3-17　客户运营平台首页

图 3-18　客户列表

　　步骤四：单击【客户分群】，可以查看兴趣人群、新客户人群和复购人群，同时还可以在这里新建自定义人群，根据不同的标签对客户进行分群管理，打造精准人群，实现精准营销，如图 3-19 所示。

图 3-19　客户分群

　　步骤五："客户分析"功能主要是针对店铺的访客进行数据分析，包括访客数、粉丝和成交客户的跳失率、支付转化率、平均停留时长等指标，商家可以通过各种数据和指标分析店铺运营状况，如图 3-20 所示。

图 3-20　客户分析

　　步骤六：客户运营平台还为商家提供运营计划，包括智能营销、短信营销等定义功能，商家可以创建自身需要的功能，方便客户关系维护与管理。智能营销功能创建如图 3-21 所示。

图 3-21　智能营销功能创建

二、学会使用客户关怀工具

对卖家来说，忠诚的客户是店铺最具竞争力的武器，如何维系在日常交易及大促活动中沉淀下来的客户的忠诚度，再把这些忠诚度变现，是客户关系管理工作的关键。只有源源不断给客户提供优质的产品、舒适的服务，满足客户的需求才能在交易中达到双赢。

1. 客户关怀的方式

客户关怀的内容和方式是多样的，常见的有售后关怀、情感关怀、促销推送、节日关怀等。这些关怀的方式对于客服人员来说，简单易操作，但却能令客户感受到贴心的服务。

（1）售后关怀。当客户下单付款后，客服首先要做的就是确认收货信息，并在发货之后以短信或者旺旺的形式告知客户快递公司、预计到达时间等。如：亲，您购买的宝贝正在向您飞奔，使用的是顺丰快递，预计明天到您手上，请保持手机开机状态。

此外，当快递因为天气或者其他不可抗拒因素而延误的，客服最好也发送短信告知客户。售后关怀能使客户及时了解自己所购买产品的物流情况，从而提高购物体验。值得注意的是，除了在发货、签收环节的关怀之外，使用关怀也很重要。客服应该在客户签收后的一周左右，询问客户的使用感受，并请客户提出改进意见，这样不仅能提高客户的购买、使用体验，还有助于商家改进产品和服务。

（2）情感关怀。客户关系管理是为了培养客户的忠诚度和满意度，除了资金投入以外，还离不开情感投入，这就需要客服在与客户的交流中使用更加人性化的沟通交流方式，注重客户的情绪。每当遇到客户的生日、纪念日或者重大节日时，商家可以发送祝福短信。不过，有些客户会反感店铺的关怀活动，此时客服要仔细甄别，打好标签。

（3）促销推送。当商家发布新品、店铺周年庆、日常促销时，通常会提前给客户发送优惠券或者红包，客服应及时告知客户活动的相关信息。但需要注意的是，此类信息的发送不要过于频繁，语言不要太直白，否则容易引起客户的反感。

2. 客户关怀工具的使用

目前，网店常用的客户关怀工具包括短信、电话、旺旺等。

（1）短信关怀。短信是最常见的关怀工具，具有覆盖面广、收费低、可群发、客户不易抵触等优点，但同时也有字数限制、容易被忽略等缺点。客服在给客户发短信时要考虑发送的时间和内容。

（2）电话关怀。电话关怀是一种很直接的关怀方式，具有实时性高、沟通效果明显等优势，但也有成本高、容易造成骚扰等缺点。电话比短信更需要注意时间，关怀的内容不适合推送促销信息，更适合关注客户对产品的使用感受和对服务的建议。如果客户表示不愿意再接到类似电话时，客服应该及时致歉并在标签中备注留档。

（3）旺旺关怀。旺旺关怀比较不容易引起买家的反感，而且还可以使用表情，与客户沟通时应变的余地最大，但是其局限性也很大，当客户不在线时就无法及时地进行沟通与关怀。

客户关系管理是一个持续而细致的工作，要求客服人员在与客户沟通时，要首先明确客户的需求，成交之后更需要对客户的行为特征、消费习惯等进行分析，最后才能做到精准营销，最大化挖掘客户的价值。

 技能演练

使用千牛为客户打标

请同学们仔细查看二维码中的操作步骤并进行模拟练习，掌握使用千牛为客户打标的操作流程。

 **考核评价**

考核评价表

序号	评价内容	得分（共 100 分）			综合得分
		自评（20 分）	组评（30 分）	师评（50 分）	
1	了解千牛聊天界面				
2	掌握创建新标签				
3	掌握已有标签				
4	按照实训步骤，将过程截图，整理成文档提交				
	合计				

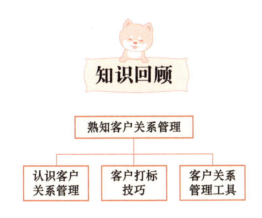

1.（　　）是最常见的关怀工具，具有覆盖面广、收费低、可群发、买家不易抵触等优点。

　　A．旺旺　　　　　　B．短信　　　　　　C．电话

2．下列选项中，属于客户关怀中情感关怀的是（　　）。

　　A．节日祝福短信　　B．发货短信　　　　C．签收短信

3．在筛选目标客户时，商家经常使用到 RFM 模型，通过（　　　）的分布可以分析买家的生命周期。

    A．R   B．F   C．M

4．客户关系管理是一个制度。（　　　）

    A．对   B．错

5．＿＿＿＿＿＿＿＿对于网店来说就是客户价值管理，商家通过深入分析买家信息，完善服务机制，提升服务水平，满足客户的不同价值需求，提高客户的＿＿＿＿＿＿＿＿，从而使客户价值最大化。

6．网店客户生命周期可以划分为五个阶段：＿＿＿＿＿＿＿＿、＿＿＿＿＿＿＿＿、＿＿＿＿＿＿＿＿、＿＿＿＿＿＿＿＿和＿＿＿＿＿＿＿＿。

项目 4

熟悉客服管理

客户的满意度主要由两个因素决定：产品质量和服务质量，如果仔细观察，可以发现经营效益良好的网店其客服人员无论在响应速度、专业程度，还是服务用语的使用、纠纷处理上都非常迅速和专业。优秀的网店一般都拥有一支责任心强、业务能力过硬、服务水平高的客服团队，服务着整个店铺。

项目内容

本项目主要从客服团队管理和大促客服入手，讲解客服培训技巧、绩效指标设计技巧以及大促销期间客服的准备与职责，帮助学生了解客服管理的相关方法和技能。

项目目标

- 掌握客服培训、绩效指标设计技巧。
- 掌握大促客服的管理技巧。
- 熟悉大促前的准备工作和客服工作职责。

任务1 掌握客服团队管理技巧

任务分析

随着电商的蓬勃发展，网店需要的客服人员也越来越多。客服不再是单打独斗的个体，而是需要组成一个能够协同合作的团队。有团队就需要有管理，这样才能发挥团队最大的作用。

情境引入

很多商家认为客服人员就是回答客户问题的，作用有限，因此会疏于对客服人员的管理，以至于经常会在评论区里看到客服态度差、不遵守承诺等评论。其实，客服的作用不仅仅是与客户进行简单的沟通交流，还能起到营销和维系客户关系的作用，进而影响店铺的销量。那么要怎么管理客服团队呢？

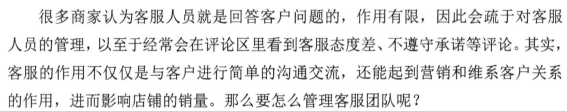

分任务1　掌握客服培训的 3 个技巧

通过招聘组建好客服团队后，就需要进行培训工作了。正所谓"罗马不是一天建成的"，客服团队的建设也不是一两天就能完成的。客服团队的培训是一项重要浩大的工程，不仅需要很长的培训时间，而且培训的内容也要包含方方面面。客服的培训内容如图 4-1 所示。

图 4-1　客服的培训内容

技巧1：掌握客服心态培训技巧

乐观的心态对客服工作的高效开展意义重大，但客服人员的心态主要依靠客服人员自身调节。因此在对客服心态的培训中，要紧抓责任心和主人翁意识的培养。

责任心是客服人员必备的素质，决定了客服人员在工作中的态度，对于服务的质量有着决定性的影响。有了高度的责任感，客服人员在面对工作时会进行换位思考、耐心地解答客户的疑问，按时、保质地完成自己的工作，更能够获得客户的满意和忠诚。

虽然客服人员与商家是雇佣关系，但切忌把工作当成"别人的事"。主人翁意识就是要求客服人员把客服工作当成自己的事业去经营，自发地学习、自愿地工作，勇于承担责任，即便有些工作并不是自己经手操作的，但这些工作一旦出现问题，也要以积极的态度去解决，切不可推卸责任。

技巧 2：掌握客服工作技能培训技巧

在前面所学内容中，我们知道客服工作是烦琐而复杂的，那么，客服人员需要掌握哪些工作技能呢？

1. 客户需求分析技能

客服工作的目标是为客户答疑解惑，满足客户需求，以获得客户满意，而达成这一目标的前提就是要具备分析和挖掘客户需求的能力。客服人员一般通过旺旺与客户接触，在与客户的交谈中应注意客户的关注点，或者通过自然询问的方式了解客户的需求。同时，要注意收集客户的年龄、购物偏好、消费习惯等信息，并为客户打标，通过分析这些信息来挖掘客户潜在的需求。因此，在培训中可以通过情景模拟、经验分享等方式，重点培养客服人员通过聊天了解客户需求以及通过分析客户特征信息总结归纳客户潜在真实需求的能力。

2. 对产品的熟悉程度

熟悉产品是客服人员的必备基本技能，是开展客服工作的前提，客服人员应对产品的颜色、款式、尺码、包装及使用等知识完全熟悉，只有这样才能胜任客户的接待工作，才能解答客户的问题从而促成交易。因此，可以通过产品功能演示、卖点提炼、书面考试、情景模拟等方式进行客服人员产品知识的培训。

3. 话术的设定和调整

客服人员想要提高工作效率、提升服务质量，那么设定话术是十分必要的。同时，市场在变化，网店的各种活动也在不断更新调整，因此客服的话术也要随之进行调整。客服人员要根据竞争产品、市场变化灵活设定和调整话术，商家也要对客服的话术进行检查和调整。话术的时效性很强，例如，某客服在"双十一"大促销期间将欢迎话术设置为"亲，欢迎您的光临，今天全场五折哦，赶快来选购"，可促销活动结束之后欢迎话术却忘记更改，导致很多客户的不满。因此在培训中，可以将整理好的一般接待话术、活动话术、纠纷处理话术等交给客服人员并要求熟练掌握并在日常工作中做好监督。

技巧3：掌握客服价值观培训技巧

职业价值观是个人对其职业的认识和态度，以及其对职业目标的追求和向往的具体表现，通俗一点讲就是支配个人工作的信念目标。客服人员的职业价值观有以下几个方面，如图4-2所示。

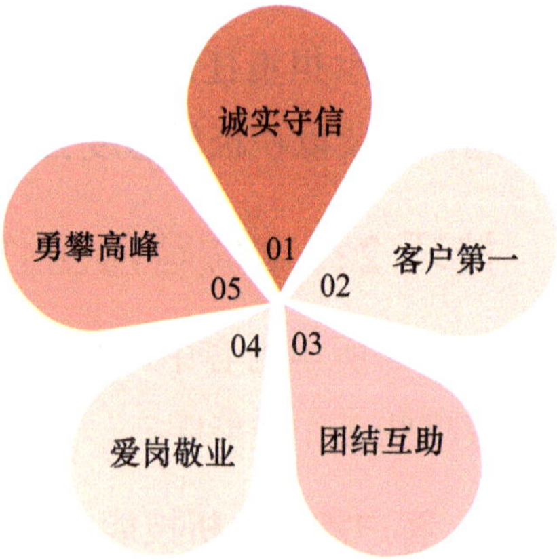

图4-2　客服人员的职业价值观

1. 诚实守信

诚实守信是客服价值观中最基本的要素，客服人员在工作中无论面对咨询的客户还是一起共事的同事都应做到这一点。不欺骗顾客，给客户许下的承诺要遵守，以践行网店诚信经营的理念。

2. 客户第一

客服工作属于服务性质的工作，服务的对象是不计其数的消费者，而消费者的购买习惯和购物偏好是各不相同的，客服要秉承"客户第一"的工作价值观，尽自己最大的努力为客户提供最佳的购物体验。

3. 团结互助

团结互助是网店所推崇的团队精神，客服团队是整个网店能够正常运转的润滑剂。融入一个团队，势必会被它的工作氛围所感染，一个具有主人翁意识、积极向上且努力奋进的团队是每一家网店都需要的。

4. 爱岗敬业

"干一行，爱一行"是每个人都应该具备的职业价值观，客服也不例外。对自己所从事行业的热爱与忠诚是支撑客服努力工作的责任与动力，也是在工作中不断要求自己进步的推动器。

5. 勇攀高峰

勇攀高峰的职业价值观是客服工作进步的必要源泉，网店要科学、合理地为客服制定销售目标和营销策略，让客服人员随时保持一颗上进、努力的心。

分任务 2　掌握绩效指标设计技巧

绩效指标，即绩效考核指标，是以量化的形式来表述某种活动特征的一种测量工具，这种指标既可以是绝对性的，也可以是相对性的。绩效指标的设计是绩效管理中的一个重要环节，对于网店客服岗位来说，公平、合理的绩效指标，有利于激发客服人员的工作热情和积极性，有利于提升店铺的成交量和业绩。

设计客服岗位绩效指标首先要明确各个客服岗位的主要业务职责，据此设计重点考核项目，并为各个项目分配权重；然后，将各重点考核项目拆分成多个可执行的具体的考核指标，以便在考核时统计。绩效考核示例如图 4-3 所示。

部门	岗位	考核项目	权重
售前	售前接待	业绩	50%
		服务	50%
	订单审核	效率	50%
		准确性	50%
	订单催付	业绩	70%
		服务	30%
售后	售后接待	服务	50%
		质量	50%
	退款审核	效率	70%
		质量	30%
	退款处理	效率	50%
		质量	50%
QC	质检	店铺整体效率及服务质量	60%
		项目推动效果	40%
	培训	员工培训课程设计	60%
		员工晋升情况	40%
呼叫	呼出	服务	60%
		效率	40%
	呼入	服务	60%
		效率	40%
客户关系	会员管理	会员数量	40%
		会员成熟度	60%
	VIP服务	服务	50%
		质量	50%
	公关媒体投诉处理	疑难问题解决能力	60%
		项目推动效果	40%

图 4-3　绩效考核示例

一、了解绩效指标设计的 SMART 原则

1．S（Specific）——具体的、明确的

该原则指绩效指标的设计要具体、明确，考核者和被考核者能够准确地理解目标，而不能是抽象的、模糊的。

2．M（Measurable）——可衡量的

该原则指绩效指标要是可衡量的，最好是可量化的（数值量化、百分比量化、关键行为量化、时间节点量化），杜绝在目标设置中使用形容词等概念模糊、无法衡量的描述。对于目标的可衡量性应该首先从数量、质量、成本、时间、上级或客户的满意程度 5 个方面来进行。

3．A（Attainable）——可达到的

该原则指绩效指标是可达到、可实现的目标，指标要有挑战性，但不能过高也不能过低。指标的目标设置应结合岗位情况、个人情况、过往历史的情况来设定。

4．R（Relevant）——相关的

该原则指绩效指标的设定要与公司战略、部门规划、岗位职责等相关联、相匹配、相适应，只有能对组织战略和经营业绩产生较大影响的关键因素才值得进行考核。

5．T（Time-bound）——有时限的

该原则指绩效指标设定时要规定时间限制，即要在某个期限达成。

二、学习网络客服岗位绩效指标设计

1．售前客服绩效指标设计

各网店的类型不同，经营类目不同，团队规模也有所区别，所以在制定考核指标的时候不可盲目复制，导致考核出现偏差。同样，在设置考核指标过程中也要根据自身实际情况进行，切忌追求指标过细，华而不实，增加考核难度。指标设置完成之后，需要设置考核维度系数，达到不同的维度，能够获得的得分不同，最终核算薪酬也会出现浮动，浮动的表现就是客服的能力体现。设计售前客服绩

效指标时，可以先将指标分为销售绩效指标和服务绩效指标两大部分，再进行各部分细化指标的设计。

（1）销售绩效指标。

① 询单转化率。询单转化率是售前客服考核的必要指标。询单转化率是咨询后下单人数占询单总人数的比例，是客服业务能力的直接体现。

客服人员较少的店铺，询单转化率的考核标准可以采用店铺的平均值，取上下浮动的范围来进行考核；如果是规模较大的店铺，可以按照团队中的询单转化率高低进行排名，并按照排名给予相应的得分，最后的绩效总核算和薪酬的发放均参照这个数据维度进行即可。询单转化率的高低可以反映出售前客服的销售能力，此时店铺可以按照排名有针对性地对排名靠后的客服进行培训帮扶，对排名连续倒数的售前客服可以考虑进行调岗。

② 支付率与付款成功率。部分店铺会借助第三方工具进行数据统计，例如把最终付款成功率细化到四个维度：询单到付款，询单到下单，下单到付款，旺旺成功率。用两个环节之间的数据差来衡量客服的追单催付能力。如果店铺的客服人数较少，使用后台的数据即可。

③ 客单价。客单价指的是进店消费者平均消费的金额，是店铺的销售额和店铺付款人数的比值。每日的进店流量是有限的，下单付款人数也是有限的，要想提升店铺的销售额，就需要提升消费者的单次付款金额。除了店铺的促销活动，如满减促销、满赠促销外，售前客服的推荐就成了重要的人为因素。人为地推荐商品促进消费者购买可增加客单价，例如做产品的关联推荐和搭配套餐推荐，均有机会提升客单价。客单价的提升意味着销售额的提升，销售业绩增长，那么销售提成也会增加，对售前客服和淘宝店铺都非常重要。不论店铺规模大小都可以将客单价作为售前客服必要的考核指标。

（2）服务绩效指标。服务绩效指标不像销售绩效指标那样注重销售业绩，而是偏重于客服人员的基本业务素质，如反映服务态度和服务质量的旺旺回复率、旺旺响应时间和旺旺回应问答比等指标。

① 旺旺回复率。旺旺回复率是指一天内有效回复人次与咨询总人数的比值，系统自动回复不算有效回复。在实际工作中，客服通常都会在使用千牛的时候设

置自动回复，如进店问候、店铺活动介绍、优惠券的发放等。自动回复能够以最短的时间让消费者了解店铺政策，引导消费者按照商家预先设计好的路径和形式进店消费。除此之外，客户提出的进一步的问题或者是复杂的问题，以及产品的推荐、异议的处理等，还是需要客服人员进行人工回复，这也是考核旺旺回复率指标的重点所在。

因此，想要提升旺旺回复率，客服人员就需要对产品非常熟悉，对异议处理的流程非常了解，同时打字速度要快。另外，客服人员可以根据场景的不同提前设置好多条快捷回复（属于有效回复），在咨询量较大时可以快速进行人工回复。

② 旺旺首次响应时间。旺旺首次响应时间也是必要的考核指标之一，是服务体验中一个可量化的数据指标。首次响应时间并非按系统的自动回复核算，而是以客服人员第一次人工回复的时间核算。旺旺首次响应时间的长短能够反映出客服的工作量与工作状态，客服的工作量大，响应时间也会相应增加。

消费者从商品浏览转向咨询时，购物意向会比较强烈，此时更容易转化。所以优化客服的首次响应时间可以更好地提升客户体验并促成交易。

③ 旺旺回应问答比。客服的回应问答比指的是客服回复条数与用户回复条数的比例，指标强调的是客服细节服务的意识。当消费者在聊天工具中输入问题时，客服应该陆续进行问题解答和回复，若待全部回复文字编辑完成后再进行回复（常用的快捷回复短语除外），耗时会比较长，会使消费者等待过久，从而降低购买体验。合理断句，提升回复频次，可以让消费者有更好的体验感。问答比是一个数据指标，客服团队规模较大的可以设计专门的聊天质量 QC 标准以便对客服服务质量进行衡量。

2. 售后客服绩效指标设计

售前客服主攻店铺的销售，售后客服则有所不同，更多地倾向于解决店铺遇到的纠纷、投诉等问题，更合理地处理消费者购买过程中的各种问题，所以售后客服主要考核服务绩效。服务绩效量化考核可以通过工具数据来源进行种类区分，售后客服绩效指标示例如图 4-4 所示。

部门	岗位	考核项目	权重	考核指标		指标定义（计算公式）
				整体考核	单个考核	
售后	售后接待	服务	50%	服务态度 DSR 退款纠纷率 投诉率 退款处理时长	旺旺接待量 旺旺首次响应时间 旺旺回复率 点名好评/差评数 E 客服满意比	考核周期内客服每日接待旺旺咨询数量均值 考核周期内用户通过旺旺咨询店铺客服，在单次会话中，从首次发问到首次回应之间的时差均值（单位：秒） 考核周期内商家有非自动回复响应的旺旺咨询数/买家旺旺咨询总数 考核周期内所有评价中出现点名好评/差评的数量 考核周期内利用 E 客服进行满意度调查的好评率
		质量	50%		由售后客服回复不当引起的投诉笔数 由售后客服回复不当引起的纠纷笔数	考核周期内由售后客服回复不当引起的投诉笔数 考核周期内由售后客服回复不当引起的纠纷笔数
	退款审核	效率	70%		退款响应时长 退款平均处理时长 退款审核笔数	考核周期内从买家发起退款申请到商家首次响应的时间（单位：小时） 考核周期内退款的平均处理时长（单位：小时） 考核周期内日均处理退款协议数量
		质量	30%		误判退款笔数	考核周期内客服责任误判的退款笔数
	退款处理	效率	50%		退款商家端平均处理时长 退款完结笔数	考核周期内退款商家端平均处理时长（单位：小时） 考核周期内日均完结的退款笔数
		质量	50%		介入自主完结率 误退笔数	考核周期内客服完结的已介入售中及售后退款笔数/小二介入的售中及售后退款总笔数 考核周期内客服责任误退的退款笔数

图 4-4　售后客服绩效指标设计示例

（1）旺旺首次响应时间。售后客服与售前客服均要考核旺旺首次响应时间，但是售后客服的首次响应时间更为重要。二者在服务对象上有所差异，售前客服的服务对象是对商品有购物需求，并且需要购物帮助的消费者；售后客服的服务对象是购买或使用商品产生问题，需要商家处理问题的消费者。遇到售后问题的消费者会相对急迫地需要解决问题，售后客服若不能在第一时间响应并做出处理，就会降低消费者的购物体验，导致简单的售后问题复杂化，甚至可能导致矛盾激化。因此，旺旺首次响应时间是衡量售后客服优化消费者体验的关键指标。

对于首次响应时间的考核，商家要给出时间层级，几秒到几秒为一个层级。同时，层级的设定在日常考核中要有具体的核算方式，在活动及大促期间也要根据实际情况进行微调。

（2）旺旺回复率。店铺动态评分能最直观地展现消费者的满意度，DSR 评分出现问题，不仅影响消费者的购物选择，也会影响到商家的运营。客服在服务中若不及时回复消费者，一会导致售后周期延长，工作量增加；二会导致消费者不满，投诉商家，从而增加售后处理难度，拉低店铺的 DSR 评分。因此，旺旺回复率也是客服人员必要的考核指标。

提升旺旺回复率，需要调整的不仅是售后客服的工作状态，还需要提升售后客服的责任感。如遇到大促活动，售后工作量明显提升，这时需要对自动回复进行重新设置，提示消费者由于售后工作量的增加，可能无法第一时间回复，但在看到消息的限定时间内，客服人员一定要通过旺旺或者电话的方式主动联系消费者，进行售后问题的解决。

（3）退款平均处理时长。当售后问题必须要用退款来解决的时候，应注意退款的流程和周期。首先，确认退款的类别。退款分为直接退款和协商退款，直接退款则要全额支付，协商退款可以协商退回部分款项，降低损失。其次，退款之前要确认退款的原因。如果由于消费者自身原因且过了退款周期，可以解释后拒绝消费者的要求；如果是退货退款，无论退款的原因是"七天无理由退货退款"还是"商家的产品问题"，要先确认产品是否要全部寄回，再核实消费者的退款周期及退款的物流订单。收到产品后要仔细确认产品是否寄到，七天无理由退款的商品是否影响二次销售，确认无误之后及时给消费者退款。总之，退款流程化能够有效提升退款处理速度。同时，商家也要经常关注系统中售后服务分析数据，不断完善退款处理流程，提升售后问题的处理效率，如图 4-5 所示。

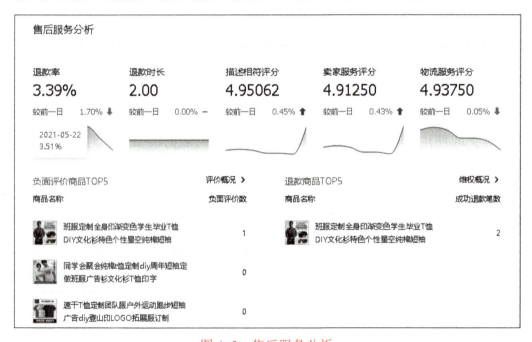

图 4-5　售后服务分析

（4）DSR 评分。DSR 评分能够展现出消费者的体验程度，虽然在运营过程中商家会采用很多方式提升用户体验，让用户给出好评，但是在遇到售后问题时，消费者很容易因为体验差而给出低评分。售后客服的职能就是通过及时处理退换，解决纠纷投诉，挽回消费者的信任，降低消费者给出低评分的概率。DSR 评分如图 4-6 所示。

图 4-6　DSR 评分

技能演练

请同学们仔细查看二维码中的操作步骤并进行模拟练习，选择一种产品制订一份切合实际工作的淘宝客服工作标准。

制订客服
工作标准

考核评价

考核评价表

序号	评价内容	得分（共 100 分）			综合得分
		自评（20 分）	组评（30 分）	师评（50 分）	
1	使用 office 或 WPS 确定手册形式				
2	模仿实训显示目录确定手册大纲				
3	根据自己对客服工作的理解和资料辅助对手册内容进行编辑，并整理成文档				
	合计				

任务 2　掌握大促客服管理技巧

任务分析

双十一在即，作为客服主管，做好大促期间的各项准备工作是最基本的要求。

做好大促客服最关键的是快（快速反馈）、准（准确打消疑虑）、狠（适当放弃难缠的客户），同时各个岗位客服人员能够各司其职，做到大促期间准备充分、合理有序。

 情境引入

如今双十一、双十二、年中 618 等大促活动络绎不绝，俨然成为各大电商竞相提升销量的大好时机。面对突然涌入的大量买家，客服大多会应接不暇，手忙脚乱。本任务以淘宝双十一大促为例，重点讲解客服主管在大促期间如何做好客服工作。

分任务 1　熟悉大促前的准备工作

一、了解双十一

双十一网购狂欢节源于淘宝商城 2009 年 11 月 11 日举办的促销活动，虽然当时参与的商家数量和促销力度有限，但营业额远超预想的效果，于是 11 月 11 日就成为淘宝举办大规模促销活动的固定日期。之后，各大电商购物平台纷纷加入，在这一天进行一些大规模的打折促销活动，以提高销售额。

双十一大促期间，流量和销售额均远远高于平常，因此也为商家和客服带来了巨大的考验。如何及时解答消费者的海量问题、妥善处理售后问题、保证发货速度等则是对客服人员的挑战（见图 4-7）。

图 4-7　大促期间的变化和挑战

在以往的双十一大促期间，客服也是压力最大的团队之一。当天的咨询量和交易量数倍于平常，因此，在双十一来临之前，商家需要根据预期的销售额来安排相应的客服工作，这样可以有效地帮助店铺平稳过渡，提高接待效率，即使遇到各种突发状况也能有序进行处理。

二、熟悉双十一前客服的 3 项准备工作

双十一前客服主管除了根据销售预期招聘相关人员外，还要做好如下三项准备工作。

1. 做好人员培训

（1）产品和活动内容培训。产品和活动内容培训是人员培训的核心。产品培训的内容包括新品、主推产品、热销产品、关联产品、核心工艺以及卖点等，客服人员要对大促的主推款、热卖款、活动款、新品等做到完全熟悉，同时也要掌握产品的工艺及生产流程。

想要得到更高的转化率，还必须要对店铺所有活动内容进行培训，要求全部客服都要清晰地了解活动内容，知晓活动的利益点所在，掌握活动规则。其中，活动规则之间的关联性、互通性、互斥性，也要求客服掌握，以减少购买过程中因不清楚规则而导致客户流失。

（2）平台和双十一规则培训。双十一活动每年的规则都会有变化，所以客服人员在双十一之前，必须详细了解双十一的各项规则，以减少售后的问题，保证大促期间的工作有条不紊地进行。2020 年淘宝双十一活动相关规则（部分）见表 4-1。

表 4-1　2020 年淘宝双十一活动相关规则（部分）

相关规则	规则内容
跨店满减使用规则	（1）每满 200 减 25、每满 1 000 减 50，以系统设置页面显示为准 （2）多家店铺（仅限淘宝店铺）满减档位完全一致，可跨店凑单使用，按照商品金额比例分摊 （3）不需要领取任何形式的券、津贴，达到相应的满减门槛即可抵扣对应的优惠 （4）在商品详情页带有满减标识的商品均支持跨店满减
包邮规则	消费者将在活动中享受活动商品收货地为中国（不包括中国香港、中国澳门、中国台湾地区）的包邮服务，部分类目及场景除外，具体是否包邮以商品详情页展示为准
运费险规则	活动商品可享受商家免费赠送的退换货运费险服务，部分类目及场景除外，具体是否享受运费险服务以"确认订单"页面展示为准
特殊发货规则	（1）11 月 1 日～3 日付款的订单，商家须在 48 小时内发货并确保物流单号有揽收记录，揽收后 24 小时内须有物流更新记录 （2）11 月 11 日～14 日付款的订单，商家须在 11 月 17 日前发货并确保物流单号有揽收记录，揽收后 72 小时内须有物流更新记录 （3）11 月 15 日～18 日付款的订单，商家须在 72 小时内发货并确保物流单号有揽收记录，揽收后 48 小时内须有物流更新记录
价格保护服务	部分活动商品由商家承诺支持价格保护服务，即消费者在活动期间购买了带有"全程价保"服务标识的实物商品后，在价保期内，若同一商家的同一商品出现降价，消费者可向该商家申请价保补差

（3）话术培训。双十一期间各种促销活动多种多样，且客流量巨大，因此客服使用的接待、答疑、处理问题等话术也应随之改变，以应对大促期间可能出现的各种新情况；同时，系统自动回复内容也要随之更换。因此，客服主管应在大促前进行相关话术培训，可以制订统一的话术，并要求客服人员熟练掌握及使用。

2. 做好快捷短语设置

快捷短语对于客服人员来说，是日常工作中非常重要的工具，也是使用最多的功能，可以大大提高客服的响应速度，提高接待效率。尤其是对于双十一大促，客流激增，接待量巨大，客服一定要提前做好快捷短语的分组及设置。快捷短语的分组示例见表4-2，快捷短语的设置步骤如下。

表4-2　快捷短语的分组示例

类别	活动内容	新品主推	规则建议	情绪安抚
详细内容	活动内容自动回复	新品主推促销文案	大促活动起止时间	高峰期网络堵塞安抚
	活动内容整合话术	新品主推产品卖点	大促期间付款规则	自主购物指引文案
	分条活动内容话术	产品常见问题答案	大促仓储发货原则	活动不熟客户的指引
	关联活动话术内容	产品操作使用说明	大促特殊规则申明	购物中和后期要点
	活动规则话术内容	热卖产品版块指引	物流签收建议指引	物流爆仓预警及安抚
	活动参与方法话术	热卖产品活动解说	退换货注意事项	退换货注意事项交代
	核心注意事项话术	关联套餐推荐话术	邮费运险使用说明	规则变更的情绪安抚

步骤一：打开千牛聊天窗口，在窗口的右下角找到【快捷短语】按钮，单击进入快捷短语编辑页面，如图4-8所示。

步骤二：在"快捷短语"编辑页面单击【新建】，弹出"新增快捷短语"对话框，可以在文字输入框中编辑快捷短语内容。编辑快捷短语时，注意内容要亲切、生动，能有效回复问题。同时，还可以对文字的字体、字号、颜色等进行设置，并且可以插入表情，如图4-9所示。

步骤三：客服人员为使用方便，还可以为快捷短语设置快捷编码，只需在"快捷编码"栏内输入数字或英文字母即可，这样客服在使用过程中，只需要按快捷键就可以直接发送快捷短语了。另外，为了方便管理，还可以将快捷短语分组。快捷编码及分组设置如图4-10所示。

步骤四：设置好快捷编码后，在与顾客聊天时可以直接在输入框中输入"/"及快捷短语的编码，按【Enter】键发送即可，也可以使用鼠标点选发送，如图4-11和图4-12所示。

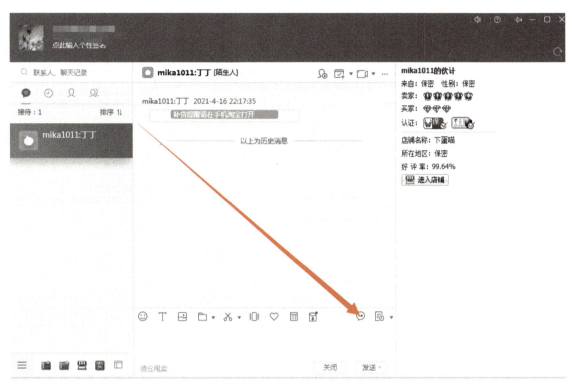

图 4-8 开始设置快捷短语

图 4-9 编辑快捷短语内容

图 4-10　快捷编码及分组设置

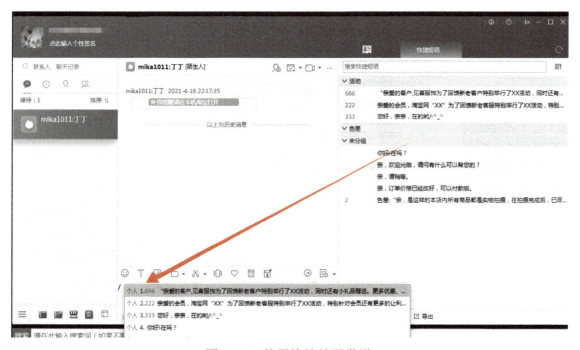

图 4-11　使用快捷编码发送

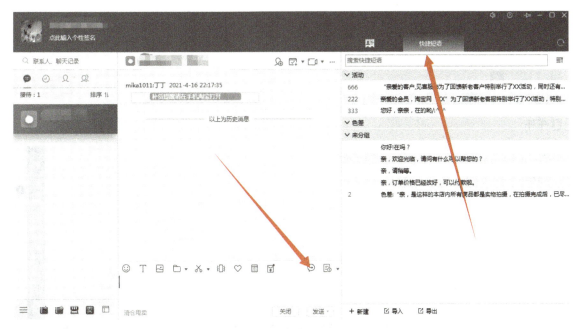

图 4-12   通过点选发送

3．做好自动回复设置

为提高双十一的客服咨询效率，还需要进行自动回复设置，启用自动回复功能可以在忙碌、无暇回复的情况下自动回复客户的问题。目前，自动回复内容可以与快捷短语互通，快捷短语的内容可以同步到自动回复中。卖家只需要设置好买家问题，可实现买家问题自动匹配快捷短语并进行答案推荐，大大减少客服对快捷短语的记忆要求和操作。自动回复设置步骤如下。

步骤一：单击千牛工作台右上角的【设置】→【系统设置】按钮，进入系统设置界面，如图 4-13 和图 4-14 所示。

步骤二：单击【客服设置】→【自动回复设置】，进入自动回复设置界面，如图 4-15 所示。

步骤三：单击【新增】按钮，在跳转的对话框中输入新增的自动回复内容，可设置字体、字号或插入表情等，内容设置完成后单击【保存】按钮，如图 4-16 所示。

步骤四：可以看到自动回复短语框内显示出之前设置好的内容，可以用同样的方法新增其他自动回复短语，如图 4-17 所示。

步骤五：切换到"设置自动回复"界面，按照店铺需求勾选并设置个人自动回复，如图 4-18 所示。设置完成后单击【确定】，则自动回复设置完成。

图 4-13　系统设置

图 4-14　系统设置界面

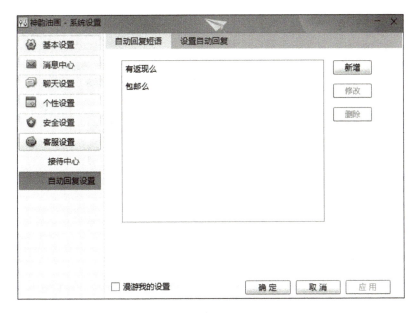

图 4-15　自动回复设置界面

图 4-16　新增自动回复

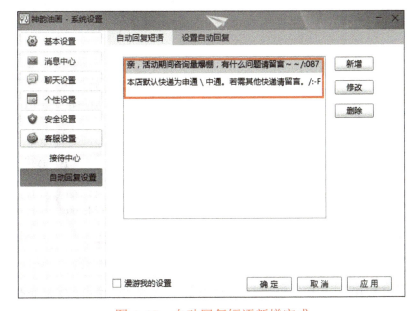

图 4-17　自动回复短语新增完成

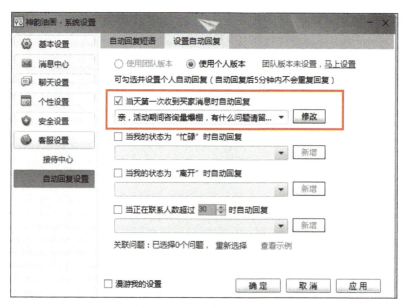

图 4-18　设置自动回复

4. 做好客服排班工作

双十一期间，店铺流量、客服接待量都会呈现井喷式的增长，客服工作面临着巨大压力，因此为了更好地承接好当天的店铺客流，提前做好客服排班工作至关重要。

双十一当天的客流量也存在高峰和低谷，如 0：00 ～ 03：00 为抢购期，这时的流量是当天的最高峰；而凌晨的 03：00 ～ 07：00 客流量会大幅度减少，从而进入低谷期。2019 年天猫双十一实时成交额和双十一流量分布时间图如图 4-19 和图 4-20 所示。

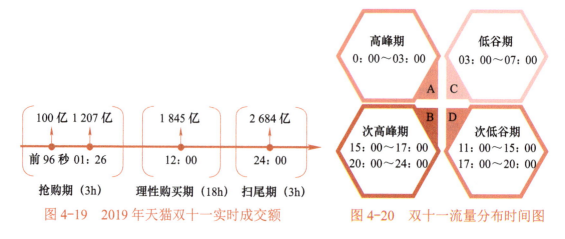

图 4-19　2019 年天猫双十一实时成交额　　图 4-20　双十一流量分布时间图

从上图可以看出，双十一当天的流量分布并不均匀，而且存在非常大的差异，客服的排班需要根据流量的分布而做人员数量上的区分。流量最大的前三个小时，也是客户咨询量最大的时候，因此要安排尽可能多的客服人员在这个时间段处理订单；其他时间段，可以实行分班休息，保存体力，保证服务质量。双十一排班原则如下：

第一：8 日 19：00 ～ 12 日凌晨 02：00，全时段有人值班。

第二：高峰期 11 日 0：00 ～ 02：00，需要最大化人员在线。

第三：售后全时段同步售前，即全部客服人员都做售前接待工作。

第四：次高峰期保障人手，低谷期交接。

双十一排班安排示例见表 4-3。

表 4-3 排班安排示例

组别	时段			人员比例
	11 月 8 日～ 10 日	11 月 11 日	11 月 12 日	
A 组	19：00 ～ 17：00	23：00 ～ 3：00	8：00 ～ 19：00	50%
B 组	16：30 ～ 01：00	08：00 ～ 13：00	14：00 ～ 24：00	40%
C 组	19：00 ～ 17：00	23：00 ～ 09：00	17：00 ～ 02：00	10%

注：11 月 8 日 19：00 至 11 月 12 日凌晨 02：00，需要全时段有人在线，11 日凌晨高峰所有人在线。

分任务 2 熟悉大促客服职责

每次大促活动，都是网店集中促销的机会，各店铺都会积极备战，尽最大的努力来提升业绩。而这期间，店铺的流量都会很大，咨询量也会达到峰值，这时想要保证问题处理的时效性、提高客服工作效率，就要在大促到米前埋清全部的流程，明确售前、售中和售后的职责分工及工作重点，保证各个环节的顺利进行。

一、熟知大促客服的工作重点

1. 售前客服的工作重点

大促期间售前客服工作以完成订单销售、促成，交易达成为核心目标，其主要工作内容包括对接信息，接待及答疑，活动商品推荐，店铺收藏、宝贝收藏、购物车收藏推荐，引导顾客领取优惠券，核对订单收货地址，浏览订单信息等。

需要注意的是，大促期间售前客服要切记承诺的发货时间，可建议客户购买运费险以减少客户对这些承诺问题的事后投诉。

2. 售中客服的工作重点

大促期间售中客服的工作重点以解决疑难杂症、释放售前客服时间和精力为核心，及时解决危机问题。其主要工作内容包括改单、催付和攻坚等。

（1）改单。协助售前、售后客服修正其需要修改的订单属性、收件信息、备注等，并负责与仓库的对接工作。

（2）催付。对店铺后台已下单但未付款订单进行扫描梳理，进行一对一线上催付工作，可配合运营部门进行短信催付，必要时可对大型订单进行电话催付。

（3）攻坚。解决耗费售前客服时间、精力的订单，解决疑难杂症，进行特情处理，攻克难缠的客户和订单。

3. 售后客服的工作重点

大促期间售后客服的工作重点是解决售后各种问题，如跟踪物流、处理退换货、处理投诉和差评等。

（1）跟踪物流。大促期间订单量巨大，对于店铺的物流跟踪与反馈是一个不小的挑战，所以售后客服经常会遇到买家询问物流延迟的情况，此时，客服人员的一般处理方法为：查询物流进展，告知买家商品配送的详细情况。具体的回复短语可以参照以下示例：

"亲，您的快件已经到达××地方，请您耐心等待，现在正在爆仓，真的非常抱歉，我们帮您催促快递，恳请您耐心等待。"

（2）处理退换货。如果买家遇到的问题是未收到货，作为售后客服，可以先安抚买家情绪，然后直接联系派件人员或者快递公司，询问具体情况，再根据具体情况进行解答。

如果遇到丢件问题，先要找出快递底单，并与快递公司沟通明确责任，之后联系买家商议解决办法，如补发或者退款。

如果遇到买家收货后要求退换货的，可以先向买家了解退换货原因，再按照退换货流程处理。

（3）处理投诉和差评。大促期间会产生大量的订单，投诉和差评也可能会随之增加。此时商家不能只关注订单的增长，而忽视对投诉和差评的处理，这也是售后客服在大促期间一项重要工作。客服需要把握及时性原则，遇到投诉或差评一定要第一时间回应，积极地与客户协商、沟通，根据大促活动前制订的预案给出合理的解决方案，进行退换货或者退款处理。同时，态度要诚恳，寻求客户的谅解并取消差评。

二、掌握大促物流处理的技巧

1. 合理安排物流

大促期间，包裹数量较多，各大快递公司也容易出现爆仓，导致商品迟迟无法到达买家手中，招致买家差评。因此，卖家一定要事先做好准备，可提前联系多家快递公司进行合作，充分发挥各个快递公司在不同地区的配送优势，根据发货地址合理安排优先发货顺序，且设立专职人员进行快件跟踪工作；丢件、慢速件等问题提前和快递公司商定好解决对策，明确责任。

2. 把握最佳打单、出仓时间

双十一订单量巨大，客服部门需要与仓储部门配合完成打单、出仓工作。根据以往的经验，双十一期间，11月11日02：00～24：00为最佳打单、出仓时间，如果能够在该时段内把11日凌晨产生的订单全部出仓，将可以大幅减轻后续时段的打单、出仓压力，同时也可以降低售后问题和物流拥堵风险，如图4-21所示。

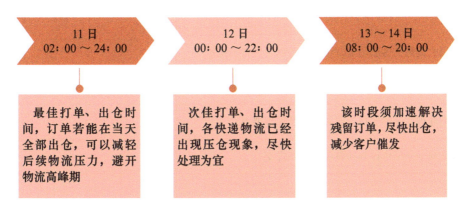

图4-21　打单、出仓建议时间

此外，客服人员还需要熟悉了解双十一的发货规则，严格按照发货时间规定发货，以避免因发货不及时而产生投诉和差评。

3. 错发、漏发件的处理

大促期间，因店铺订单量过大，很可能出现错发、漏发现象。首先，应提前做好防范准备，预防错发、漏发。如制订订单发货表，对已发货订单进行实时记录；对于店铺主推、爆款商品提前进行包装，节约大促备货时间，以防忙中出错等。其次，对于已经发生的错发、漏发件，应尽快采取弥补措施。仓库应该及时通知买家和店铺，及时补发、重发；对于超期发货件，一定要给买家做出解释，安抚买家，得到买家的谅解。

 技能演练

请同学们仔细查看二维码中的操作步骤，了解双十一或其他大促活动中客服工作计划的制订流程。

制订双十一大促
客服工作计划

 **考核评价**

考核评价表

序号	评价内容	得分（共 100 分）			综合得分
		自评（20分）	组评（30分）	师评（50分）	
1	计划大促前的客服培训、话术准备以及硬件的维护				
2	计划大促中客服岗位分工、客服排班以及其他注意事项				
3	计划处理常见的售后问题类型以及处理要点				
4	整理双十一工作计划并整理成文档提交				
	合计				

知识回顾

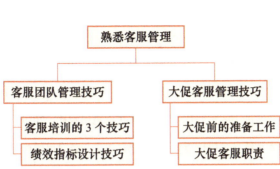

学生练习

1．DSR 消费者评分为红色评分与绿色评分，红色意味着评分处在（　　）。

　　A．健康状态　　　　　B．不健康状态

2．在对客服心态的培训中，要紧抓责任心和（　　）的培养。

　　A．乐观心态　　　　　B．主人翁意识　　　　　C．客户第一

3．"考核者和被考核者能够准确地理解目标，而不能是抽象的、模糊的"属于绩效指标设计原则中的（　　）。

　　A．具体的、明确的　　B．可衡量的　　　　　C．可达到的

4．售前客服绩效指标设计中，不属于销售绩效指标的选项是（　　）。

　　A．询单转化率　　　　B．客单价　　　　　C．旺旺回复率

5．大促期间售前客服工作以完成订单销售、促成，交易达成为核心目标。（　　）

　　A．对　　　　　　　　B．错

6．大促期间售中客服的工作重点是解决售后各种问题，如跟踪物流、处理退换货、处理投诉和差评等。（　　）

　　A．对　　　　　　　　B．错

7．双十一前客服主管对客服人员的培训中，核心是＿＿＿＿＿＿＿。

8．11 月 11 日大促活动当天的最佳打单、出仓时间为＿＿＿＿＿＿＿。

参 考 文 献

[1] 吴洁，甄小虎. 网络客服 [M]. 北京：中国发展出版社，2018.

[2] 孙李军，陈磊，吉敏生. 网络客服实务 [M]. 西安：西北工业大学出版社，2018.

[3] 徐茜. 金牌网店客服实战 108 招 [M]. 北京：人民邮电出版社，2019.

[4] 陆冰. 金牌客服口才训练与实用技巧 [M]. 北京：民主与建设出版社，2018.